클라리넷 어드벤쳐

Lesson Book 1

by Ned Bennett **초급용**

《어드벤쳐 시리즈》 클라리넷 교재는 색소폰 교재와
함께 사용할 수 있습니다.
이중주곡, 돌림노래 등 본 교재 수록곡으로
앙상블도 지도할 수 있습니다.

클라리넷에만 해당되는 부분은 별표와 함께
'클라리넷 스페셜' 이라고 표시되어 있습니다. 

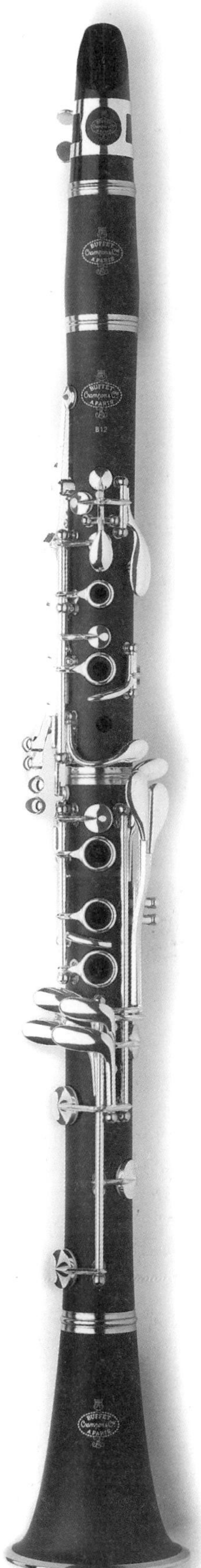

music tree

Foreword

세계적인 스테디셀러 《A New Tune a Day》의 한국어판 《어드벤쳐 시리즈》 전권을 출간하게 된 것을 기쁘게 생각합니다.

최고의 전문가들이 참여하여 '가장 쉽게 시작하면서도, 정확하게 배울 수 있는 교수법'을 다년간 연구하였습니다. 이 교수법을 바탕으로 바이올린, 플루트, 기타 등 15개의 악기, 총 28권의 교재가 개발되었으며, 음대 교수님들과 오케스트라 음악감독 등 권위자의 감수를 통해 우수성을 검증받았습니다.

본 시리즈는 악기를 중간에 포기하는 일이 없도록 누구나 좋아하는 노래, 클래식, 재즈, 크리스마스 캐롤 등 친근한 레퍼토리를 통해 테크닉과 음악성을 동시에 길러주며, 세심하게 구성된 진도와 CD가 실력을 빠르게 쌓을 수 있도록 이끌어줄 것입니다. 각 악기별로 공통된 연주곡도 담겨있어 학교 앙상블 수업이나 동호회 연주회에도 효과적입니다. 바이올린 교재는 첼로, 비올라와, 클라리넷은 색소폰과, 일렉 기타는 베이스 기타, 드럼 교재와 함께 사용할 수 있습니다.

《어드벤쳐 시리즈》로 평생 즐길 수 있는 나만의 악기를 찾고, 음악을 통해 새롭게 펼쳐질 풍요로운 삶을 누리시기 바랍니다.

한국어판 감수를 도와주신 서울대학교 최경환, 김재윤 교수님, 한국예술종합학교 오광호, 이강호, 이성우, 이성주, 이철웅 교수님을 비롯하여 원무연, 이하재, 조장휘, 진우경 교수님께 감사 드립니다.

《어드벤쳐 시리즈》만의 장점

- 교수법을 바탕으로 한 체계적인 진도
- 기초 음악이론과 클리닉을 위한 중간 테스트
- 관련 장비, 자세, 테크닉에 대한 친절한 설명
- 누구나 쉽게 배우는 운지법 차트
- 클래식, 재즈, 팝송 등 연주효과 탁월한 레퍼토리
- 각 레슨마다 학습목표 제시
- 자세와 운지법을 익힐 수 있는 사진과 그림
- 시범연주와 반주가 수록된 CD로 탁월한 연습효과

어드벤쳐 시리즈 구성

	악기 종류별 레슨 교재	병행 교재			악기 종류별 레슨 교재	병행 교재	
관악기	플루트 어드벤쳐 레슨 1, 2	연주곡집	스케일 & 아르페지오 교재	현악기	바이올린 어드벤쳐 레슨 1	연주곡집	스케일 & 아르페지오 교재
	클라리넷 어드벤쳐 레슨 1, 2	연주곡집			첼로 어드벤쳐 레슨 1	연주곡집	
	트럼펫 어드벤쳐 레슨 1	연주곡집			비올라 어드벤쳐 레슨 1	연주곡집	
	트롬본 어드벤쳐 레슨 1	연주곡집		기타	클래식 기타 어드벤쳐 레슨 1	연주곡집	
	알토 색소폰 어드벤쳐 레슨 1, 2	연주곡집			어쿠스틱 기타 어드벤쳐 레슨 1	연주곡집	
	테너 색소폰 어드벤쳐 레슨 1	연주곡집			일렉 기타 어드벤쳐 레슨 1	연주곡집	
타악기	드럼 어드벤쳐 레슨 1	연주곡집			베이스 기타 어드벤쳐 레슨 1	연주곡집	
건반악기	피아노 어드벤쳐 레슨 1	연주곡집					

《병행교재》

- **연주곡집**: 레슨 교재 1권 중반부터 병행교재로 함께 배우거나 독주, 앙상블 레퍼토리로 활용하면 좋습니다.
- **스케일&아르페지오 교재**: 모든 악기에 사용할 수 있는 스케일&아르페지오 교재에는 전통 클래식 음악에 사용되는 장음계와 단음계 외에도 록과 재즈 연주에 도움이 되는 블루스, 펜타토닉, 디미니쉬 스케일 등이 수록되어 있어 탄탄한 테크닉을 길러줍니다.

Contents

A New Tune *A* Day

This book © Copyright 2005&2006 Boston Music Company,
a division of Music Sales Limited
Revised 2006

Edited by David Harrison
Music processed by Paul Ewers Music Design
Original compositions and arrangements by Sarah Pope and Janet Coles
Cover and book designed by Chloë Alexander
Photography by Matthew Ward
Model: Joshua Williams and Lizzie Frost
Backing tracks by Guy Dagul
CD performance by Matt Hunt
CD recorded, mixed and mastered by Jonas Persson and John Rose

www.musicsales.com

음악의 첫걸음

보표

줄이 다섯 개라서 오선보라고도 합니다.
음표는 5개의 선 위에 그립니다. 모든 보표에는 악기의 음역을 나타내는 음자리표가 있습니다.

높은음자리표: 주로 선율 악기에 사용

보표에는 마디를 나누는 세로줄이 있습니다.
각 마디의 길이는 동일합니다.

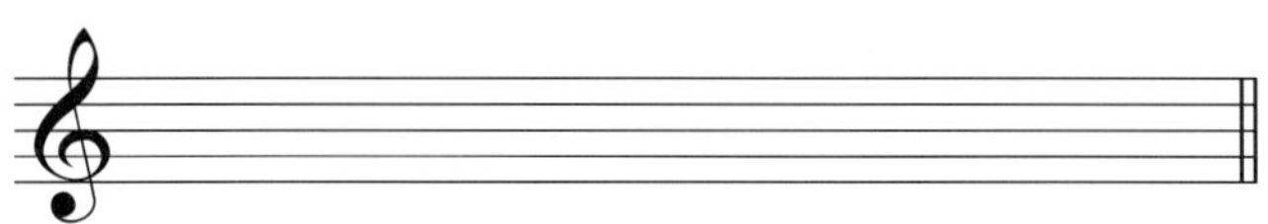

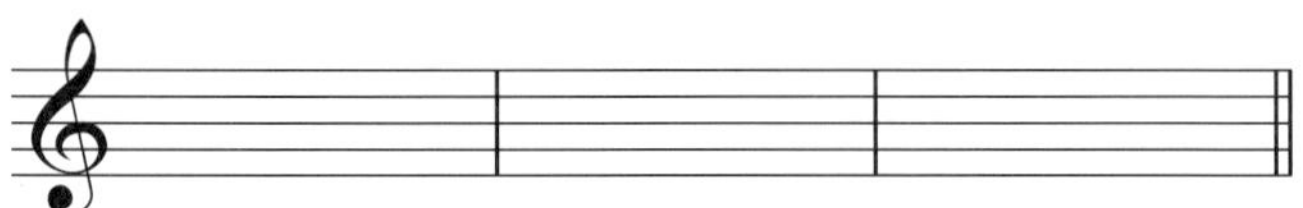

음표와 쉼표의 길이

음표의 길이는 다양한 모양으로 나타냅니다. 음표와 길이가 같은 쉼표도 있습니다.
음표와 쉼표의 이름은 온음표를 몇 개로 나눌 수 있는지를 의미합니다.
온음표를 4로 나누면 4분음표, 8로 나누면 8분음표라고 합니다.

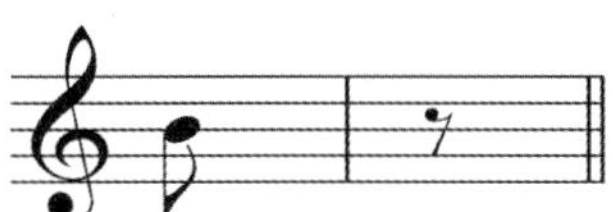 8분음표(반 박) = 8분쉼표(반 박)

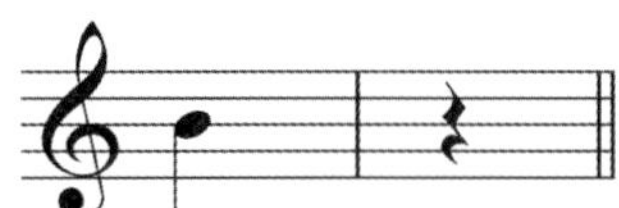 4분음표(1박) = 4분쉼표(1박)

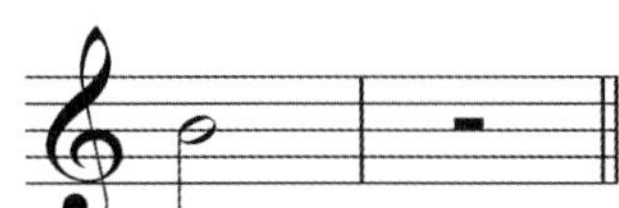 2분음표(2박) = 2분쉼표(2박)

 온음표(4박) = 온쉼표(4박)

그 외의 음길이

음표 오른쪽에 점을 찍으면 원래 길이의 절반만큼 음표의 길이가 길어집니다.
예를 들어 점2분음표 하나의 길이는 2분음표와 4분음표를 더한 길이와 같습니다.

8분음표 묶기

둘 이상의 8분음표가 연달아 나올 경우 꼬리를
이렇게 연결할 수 있습니다.

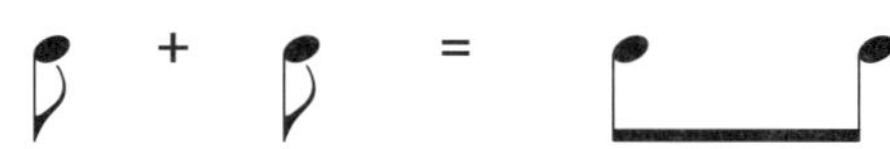

박자표

박자표는 음자리표 옆에 그립니다. 위의 숫자는 한 마디 안에 몇 개의 박이 들어가는지 알려주고, 아래의 숫자는 기준이 되는 음표를 나타냅니다.

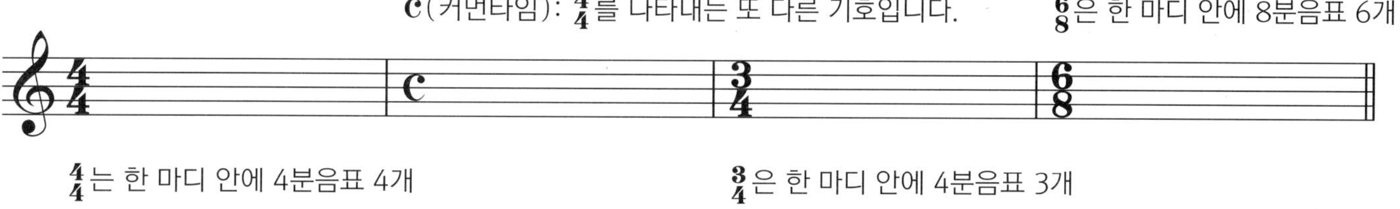

음이름

음이름은 알파벳의 첫 일곱 글자에서 가져온 것입니다. 음은 음높이에 따라 보표의 줄이나 칸 위에 그립니다.

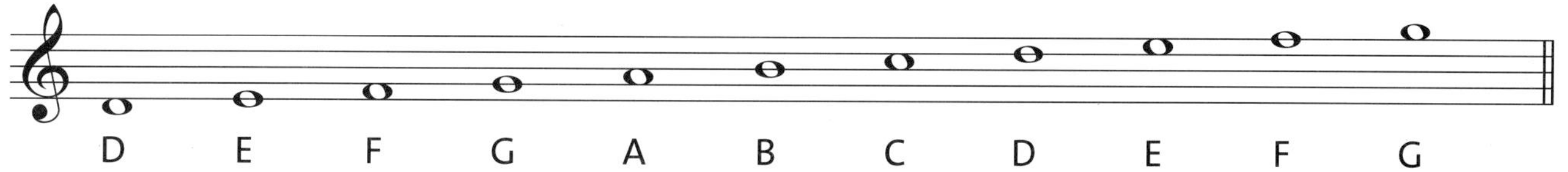

임시표

샵(올림표)이나 플랫(내림표) 같은 임시표 기호를 사용하면 음높이를 반음 내리거나 올릴 수 있습니다.

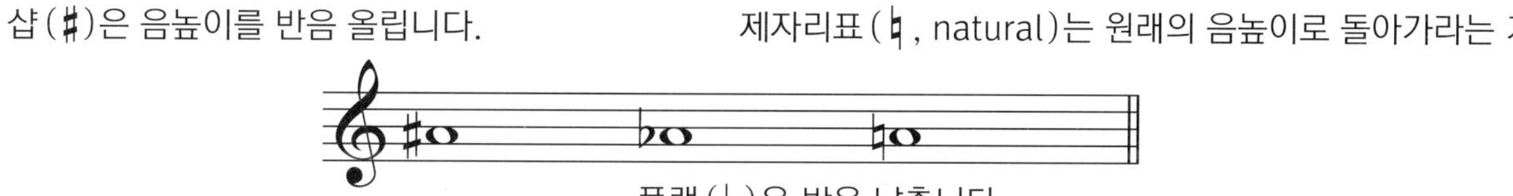

덧줄

보표 밖의 음은 덧줄을 그려 표시합니다.

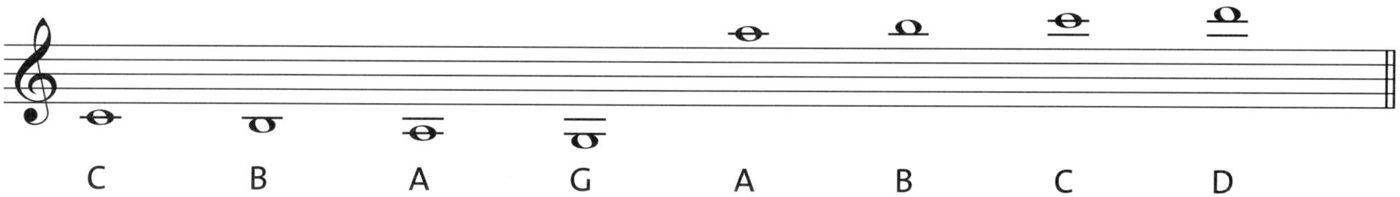

세로줄

여러 가지 종류의 세로줄 :
겹세로줄은 음악의 한 부분이 끝났다는 표시입니다.
끝세로줄은 한 곡이 끝났다는 의미입니다.
도돌이표는 이 부분이 반복된다는 표시입니다.

연주에 앞서

클라리넷과 액세서리

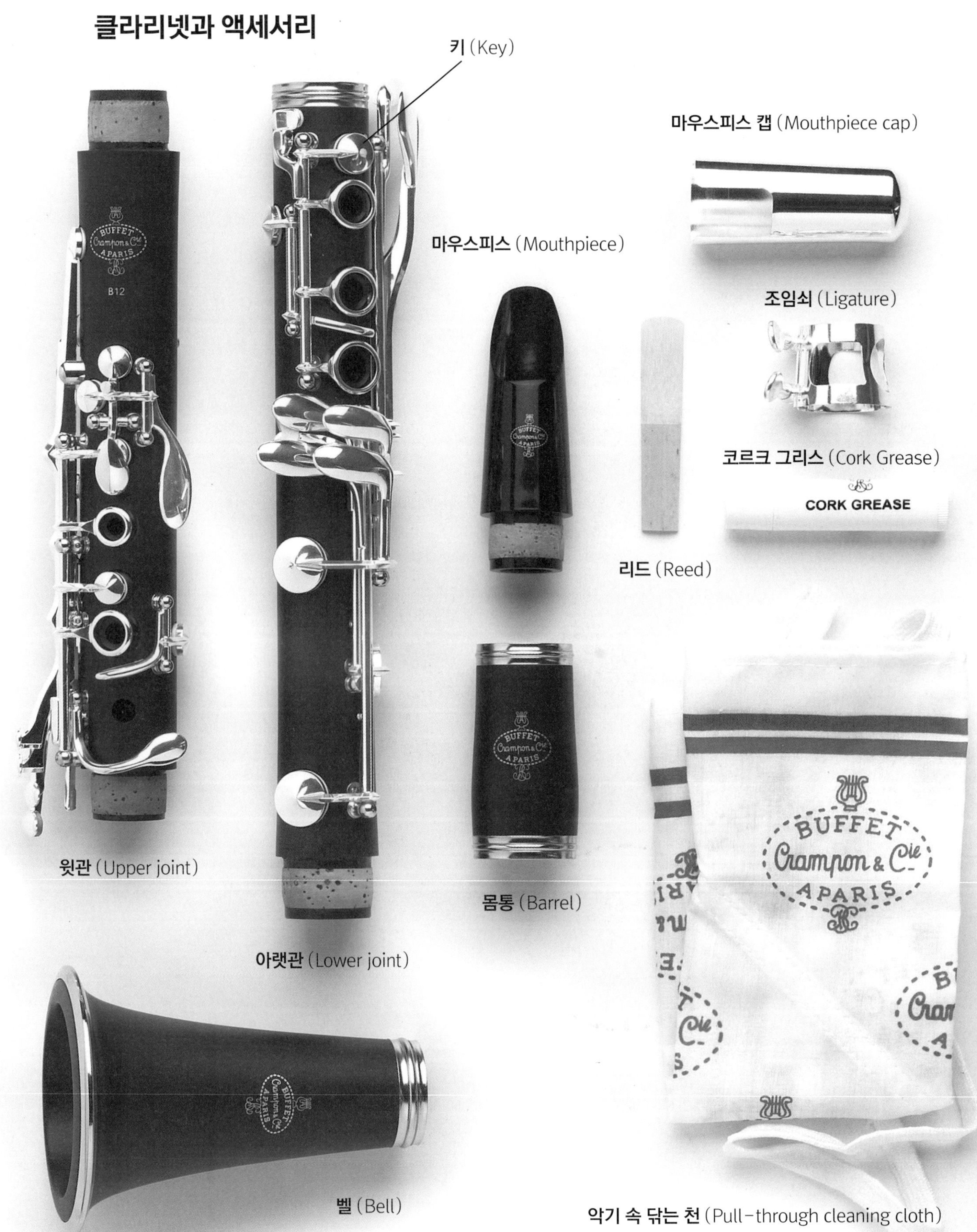

조립하기

1. 깨끗하고 손상되지 않은 리드를 고르세요 (리드는 매우 약하기 때문에 손상되지 않도록 주의해야 합니다). 리드를 혀 위에 두고 입을 다문 다음 침으로 리드를 적셔주세요.

2. 리드를 적시는 동안 윗관과 아랫관을 끼우세요. 두 관을 살짝 비틀면서 밀어야 합니다. 윗관 아래쪽의 두 링 (ring) 키를 누른 다음 윗관과 아랫관의 연결부분을 끼우세요. 두 관을 연결했을 때 소리구멍이 일직선이 되어야 합니다.

3. 벨, 몸통, 마우스피스를 차례로 살짝 비틀어 끼웁니다. 마우스피스와 레지스터 키가 일직선이 되어야 합니다.

4. 조임쇠를 사용해 리드를 마우스피스에 끼웁니다. 리드와 마우스피스의 끝이 정확히 일치해야 합니다. 리드가 마우스피스 밖으로 삐져나오거나 안으로 너무 들어가지 않도록 하세요.

5. 클라리넷은 오른손 엄지로 받칩니다. 악기 뒤편에 있는 엄지 받침대에 오른손 엄지손가락을 두세요. 처음에는 조금 불편할 수 있지만 금방 익숙해질 것입니다.

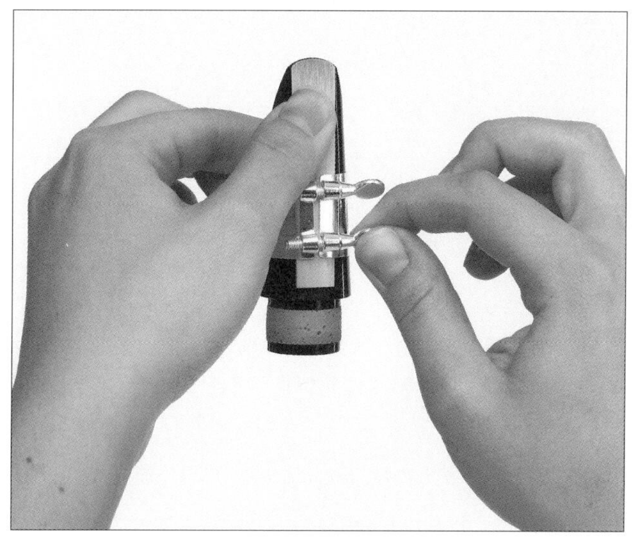

윗관과 아랫관을 끼울 때는 소리구멍이 일직선이 되는지 확인하세요.

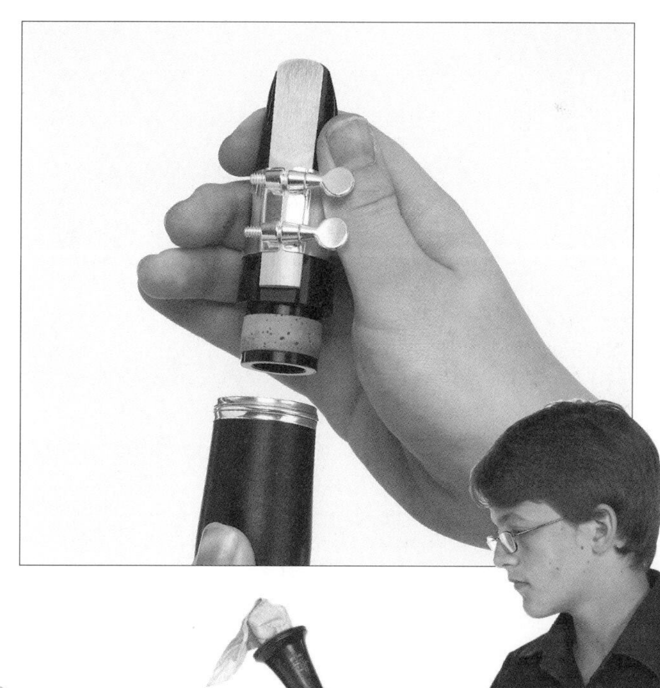

조임쇠로 리드를 단단히 고정시켜야 합니다. 연주를 마친 다음에는 리드를 분리해 깨끗이 닦은 다음에 다시 마우스피스에 끼웁니다.

마우스피스를 살짝 비틀면서 부드럽게 몸통에 끼우세요. 코르크에는 항상 그리스를 칠해야 합니다.

코르크에 금이 가지 않도록 한번씩 코르크에 그리스를 발라 주세요.

주의 !

연주하고 난 뒤에는 항상 악기 속을 천으로 깨끗이 닦으세요.

Lesson 1

goals:

1. 복식호흡: 횡격막으로 호흡하기
2. 연주자세
3. 입모양
4. 텅잉
5. E음, D음, C음
6. 온음표, 2분음표, 4분음표

자세가 편안하고 안정되어 있으면 호흡도 편안하고 정확하게 할 수 있습니다.

호흡

클라리넷을 연주할 때는 횡격막을 사용하여 호흡합니다. 횡격막은 흉곽 아래에 있는 큰 근육 막입니다. 횡격막으로 호흡을 하면 숨을 들이마실 때는 배가 나오고 내쉴 때는 배가 들어갑니다.

가슴으로 숨 쉬는 것보다 배로 숨 쉬는 것이 호흡을 조절하기에 훨씬 좋습니다.

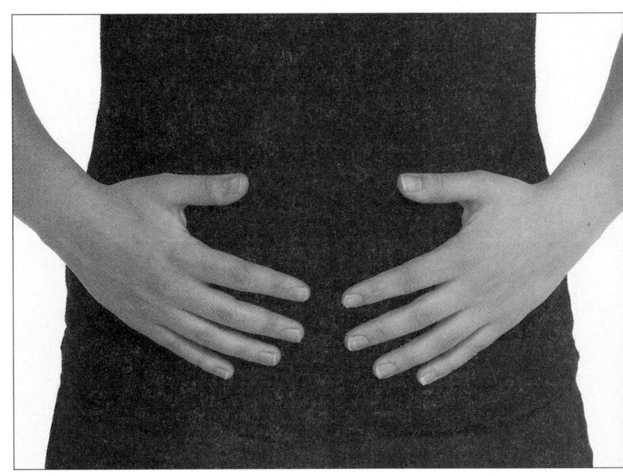

연습 1.

숨을 들이마시며 4박을 세어보세요. 그런 다음 숨을 내쉬며 다시 4박을 셉니다.
횡격막으로 호흡하면서 들이마시고 내쉬는 공기의 양을 일정하게 유지하세요.

숨을 쉴 때 한 손을 배에 대고 배가 나오고 들어가는지 확인해보세요.

연주자세

다리를 조금 벌리고 허리를 세우고 편안하게 서서 연주합니다.

악기 중간쯤에 있는 엄지 받침대에 오른손 엄지를 둡니다.

왼손 엄지는 윗관 뒤쪽에 있는 엄지 구멍에 둡니다.

양손의 나머지 손가락들은 둥글게 말아 악기 앞쪽에 둡니다.
이때 손으로 악기 옆면에 있는 키들을 누르지 않도록 합니다.

악기를 들 때는 오른손 엄지가 몸에서 약 15cm 정도 떨어져 있는 각도를 유지합니다.

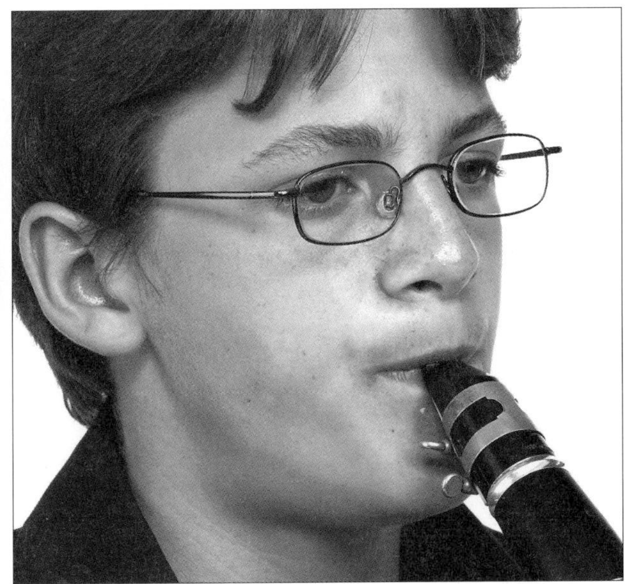

입모양 (Embouchure)

아랫입술을 입 안쪽으로 약간 말아 넣어 아랫니가
아랫입술을 받치도록 합니다.

마우스피스를 입에 대고 리드가 아랫입술의 중앙에 오도록
합니다. 리드가 약 1cm정도 입 안으로 들어가야 합니다.
윗니를 마우스피스 위쪽에 둡니다.

턱을 살짝 내밀고 미소 짓듯이 입을 옆으로 벌리세요.
그리고 바람이 밖으로 새지 않도록 입을 다뭅니다.

연습 2.

윗니와 아랫입술 사이에 마우스피스를 두고 입을 조금 벌려 숨을 들이마십니다. 1, 2, 3, 4를 세며 4박 동안 숨을 마신 뒤에,
공기가 통하지 않도록 입을 다물고 다시 1, 2, 3, 4를 세며 악기를 불어보세요. 연주를 할 때 볼이 볼록해지지 않아야합니다.

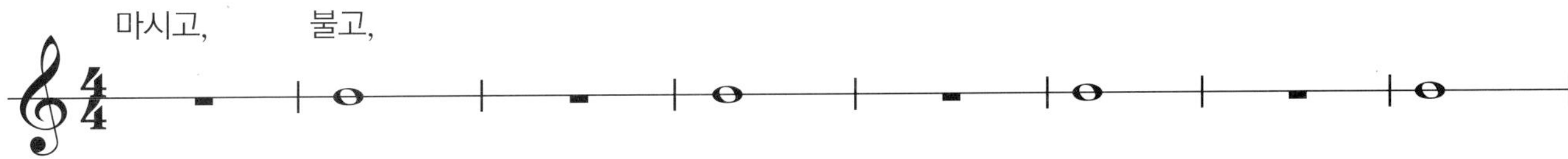

음을 낼 수 있었나요? 그렇다면 잘했습니다!
바람소리만 들렸다면, 입을 조금 더 단단히 다물어 보세요. 그렇다고 마우스피스를 세게 물면 안 됩니다.
악기로 바람이 잘 들어가지 않나요? 리드와 마우스피스 사이의 공간이 눌려 있기 때문일 수 있습니다.
힘을 조금 풀고 다시 불어보세요.
삐익- 하는 이상한 소리가 들렸다면, 아랫니가 리드에 닿은 것일 수 있습니다.
리드는 아랫니가 아닌 아랫입술 위에 두어야 합니다.

텅잉 (Tonguing)

'디-'하고 여러 번 말해보세요. 혀로 바람을 막고 있다가 '디-'라고 말하며 악기를 부는 것이 텅잉입니다.
텅잉은 또렷한 소리를 낼 수 있도록 해줍니다.
리드 아래쪽에 혀를 대세요. 혀끝과 리드 끝이 약 1cm 정도 닿아있어야 합니다.
숨을 들이마시고, 리드에서 혀를 떼며 '디-'하고 말해보세요. 또렷한 소리가 났나요?

연습 3.

천천히 박을 세면서 각 음에 텅잉을 하세요.

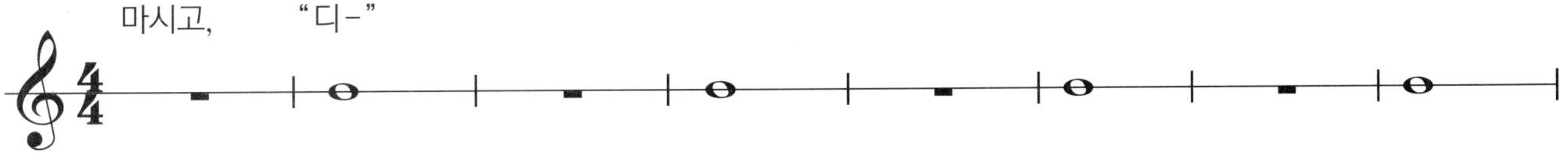

Lesson 1

Tip

숨을 깊게 들이마시고 최대한 길게 음을 불어보세요.

키의 위치와 운지법은 《운지법 차트》를 참고하세요.

T = 엄지 구멍 (Thumb hole)

E음

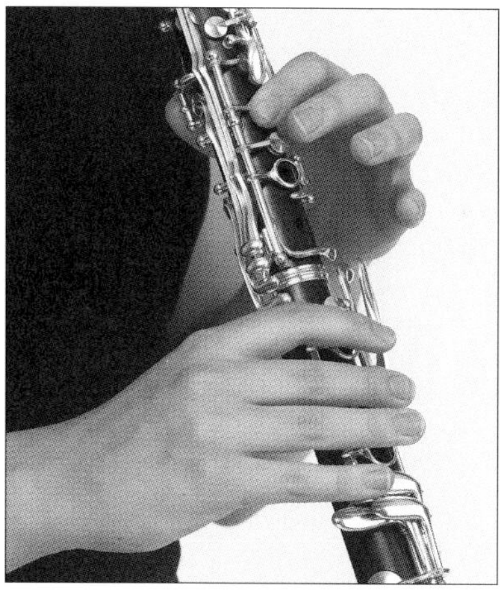

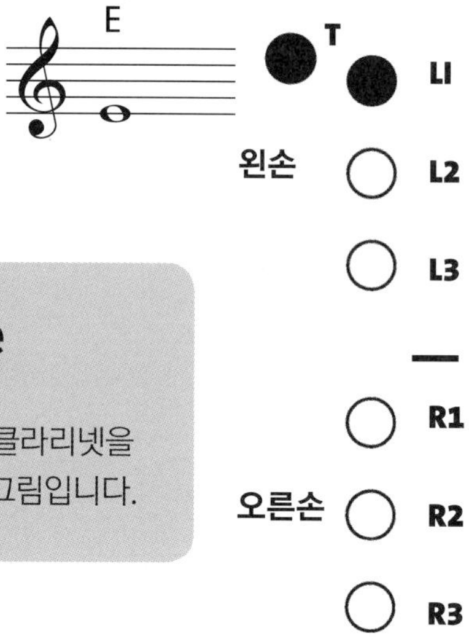

E
T
L1
왼손
L2
L3
R1
오른손
R2
R3

D음

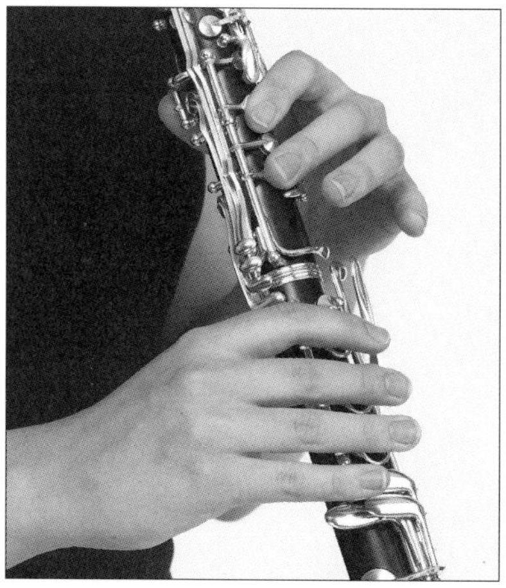

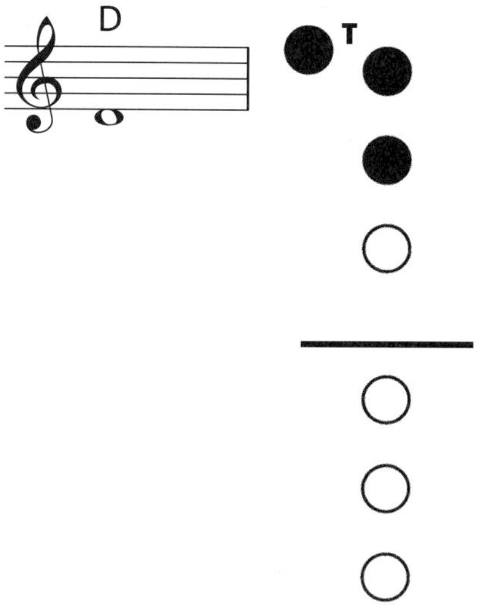

D
T

C음

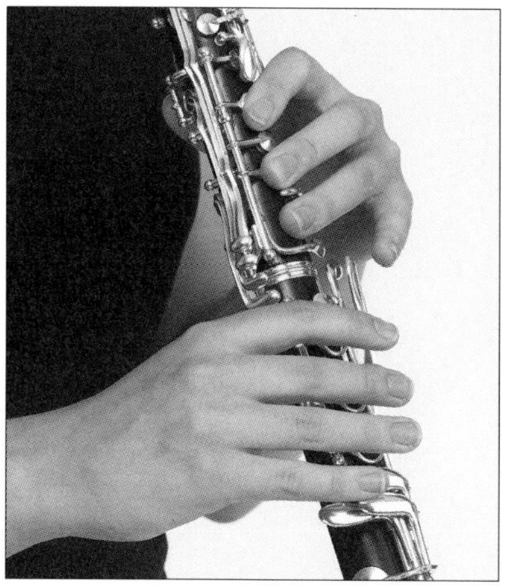

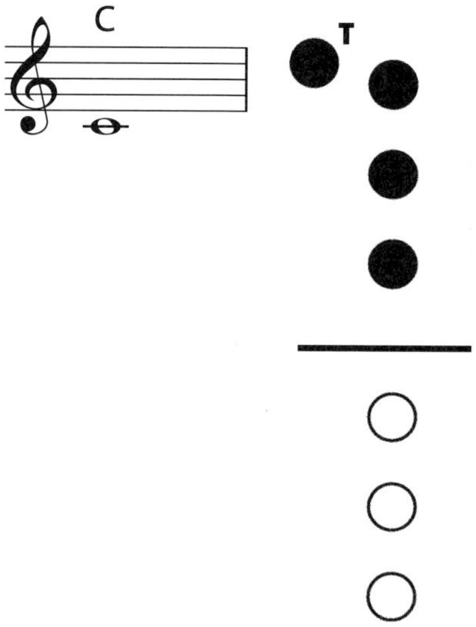

C
T

Note

오른쪽 운지표는 클라리넷을 정면에서 바라본 그림입니다.

이 교재에서 배우는 * B♭ 클라리넷은 악보의 음보다 실제로는 조금 낮은 소리가 납니다.
예를 들어 B♭클라리넷으로 C음을 불면 실제로는 B♭음이 납니다.

연습 4.

연주 전에 호흡을 시작하고 쉼표에서도 호흡을 멈추지 마세요.
각 음에 텅잉하는 것을 잊지 마세요. 아래의 음표와 쉼표는 4박 길이의 **온음표**와 **온쉼표**입니다.

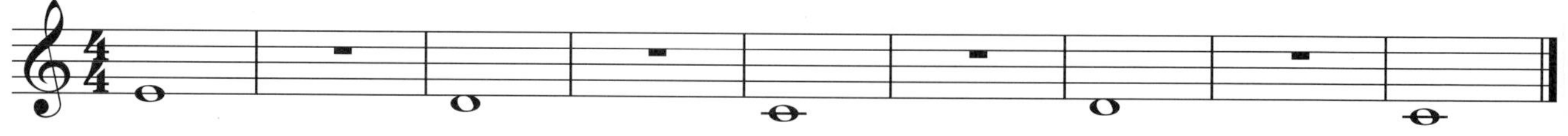

연습 5.

아래의 음표와 쉼표는 2박 길이의 **2분음표**와 **2분쉼표**입니다.

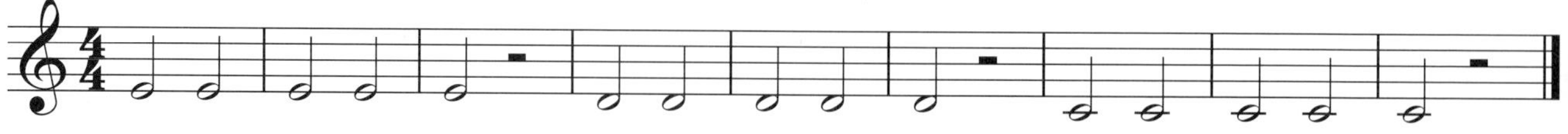

연습 6.

아래의 음표와 쉼표는 1박 길이의 **4분음표**와 **4분쉼표**입니다.
쉼표가 나오면 재빨리 호흡을 하세요.

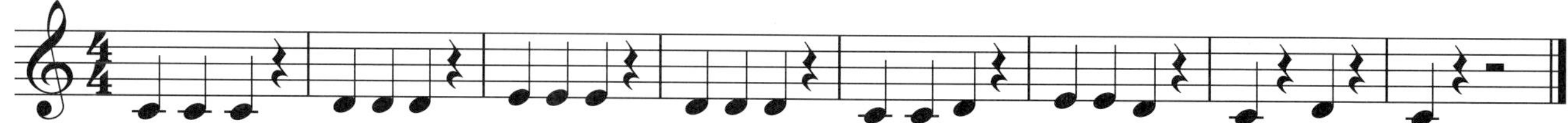

레슨 1을 위한 연주곡

Valley Song (골짜기의 노래)

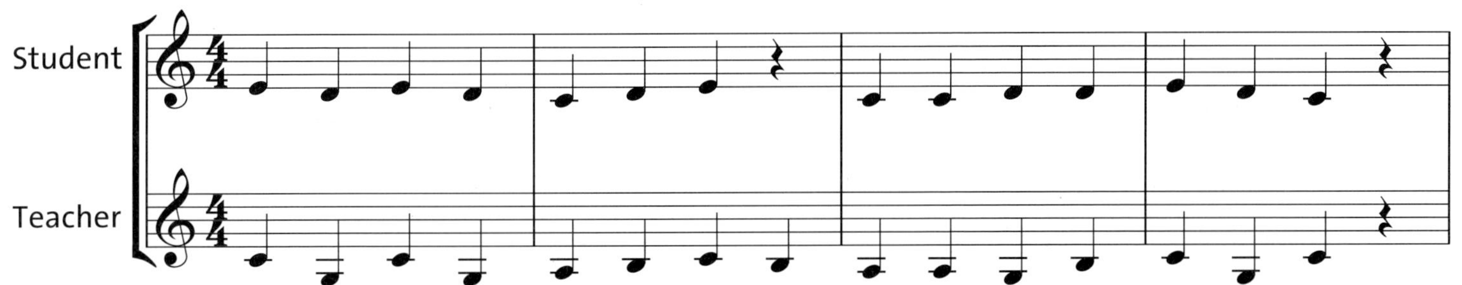

Going Cuckoo (뻐꾹뻐꾹)

Au Clair de la Lune (달빛 아래에서)

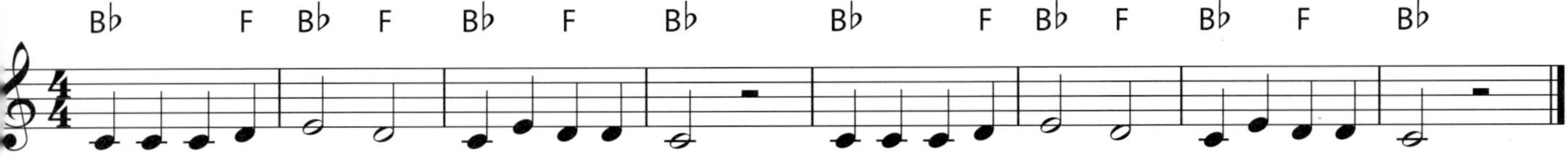

> **Tip**
> 악보 위의 알파벳은 코드 기호입니다. 기타나 피아노로 반주할 때 참고하세요.

11

goals:

1. F음
2. 목구멍 열고 호흡하기

3. 점2분음표
4. $\frac{3}{4}$박자

F음

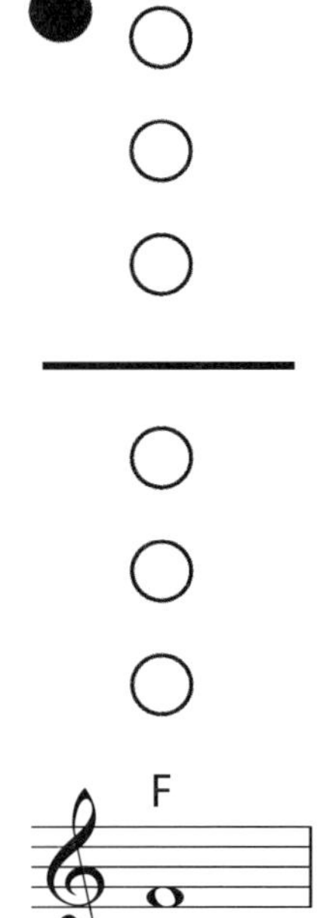

목구멍 열고 호흡하기

손등에 대고 입으로 바람을 불어보세요.
차가운 공기가 느껴질 겁니다.

그렇다면 이번에는 창문에 입김을 분다고
상상하고 다시 불어보세요.
손등에 따뜻한 공기가 느껴질 겁니다.
따뜻한 공기가 나온 이유는
목구멍을 열고 호흡했기 때문입니다.

목구멍을 열고 연주하면 좋은 소리를 낼 수 있습니다.

Tip

편안한 자세로 서서
심호흡을 한 뒤에
연주하세요.
목구멍을 열고 횡격막으로
호흡하며 공기의 흐름을
일정하게 유지하세요.

연습 1.

아래 온음표 위의 기호는 늘임표 (페르마타)입니다. 늘임표는 음표의 원래 길이보다 더 길게 연주하라는 의미입니다.
목구멍을 열고 최대한 오래 연주해보세요.

연습을 할 때는 항상 긴 음표로 시작해야 합니다.

연습 2.

목구멍을 열고 호흡하며 박자를 지켜 연주해보세요.
악보 위에 작은 쉼표가 나오면 음악에 방해가 되지 않게 재빨리 호흡을 하세요.

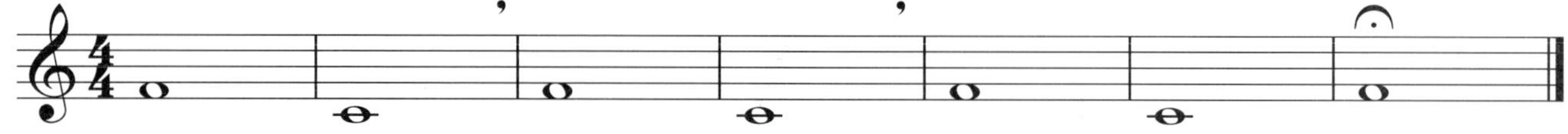

연습 3.

F음을 연주하기 위해서 E 키에서 손가락을 뗄 때는 손가락을 너무 위로 들지 마세요.
손가락을 키 근처에 두어야 그 다음에 E음이 나올 때 빠르고 정확하게 키를 누를 수 있습니다.
또렷한 소리를 내는 연습을 하세요. 지저분한 소리에 만족하지 마세요!

점2분음표

음표 옆에 점이 있으면 원래 음표의 절반 길이만큼 길어집니다.
그래서 2박인 2분음표에 점이 붙으면 3박이 됩니다.

연습 4.

연주하는 동안 마음속으로 박을 셉니다. 잊지 말고 목구멍을 열어 호흡하세요.

박자표

지금까지 본 악보에는 한 마디에 4박이 들어가는 박자표가 있었습니다.
1, 2, 3, 4, **1**, 2, 3, 4, **1**, 2, 3, 4

그러나 한 마디에 3박이 들어가는 곡도 많습니다.
3박자 곡은 머릿속으로 이렇게 박을 셉니다. **1**, 2, 3, **1**, 2, 3, **1**, 2, 3
대표적인 3박자 음악은 왈츠입니다.

연습 5.

박자표를 보세요. 위의 숫자는 한 마디에 3박이 들어간다는 의미입니다.
악보에서 줄음(E와 C)과 칸음(F와 D)을 잘 구분하세요.

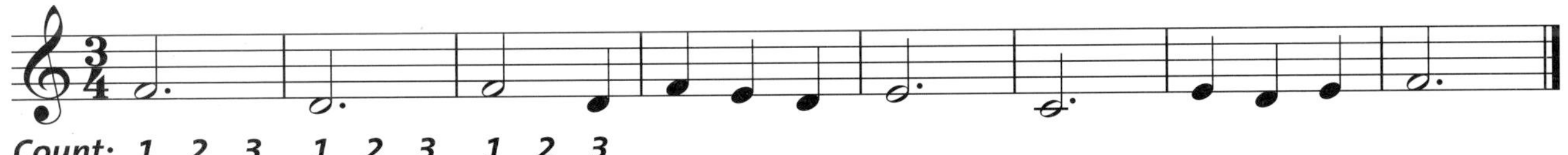

자세 확인!

몸에 힘이 들어가지 않고 편안한 자세로
연주하고 있나요?

어깨를 내리고 횡격막으로 호흡하세요.

입은 미소 짓는 모양을 유지하고 있나요?

턱을 앞으로 내밀고 있나요?

 **Tip**

리드는 아랫입술로
받칩니다.
아랫니로 받치지 않도록
하세요.

Back To Bed (다시 잠자리로)

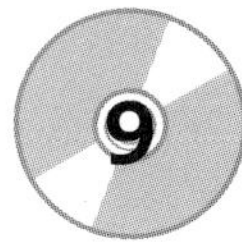

Grumpy Graham (심술쟁이 그레이엄)

Medieval Dance (중세 춤곡)

* *Barcarolle* (뱃노래)

Offenbach

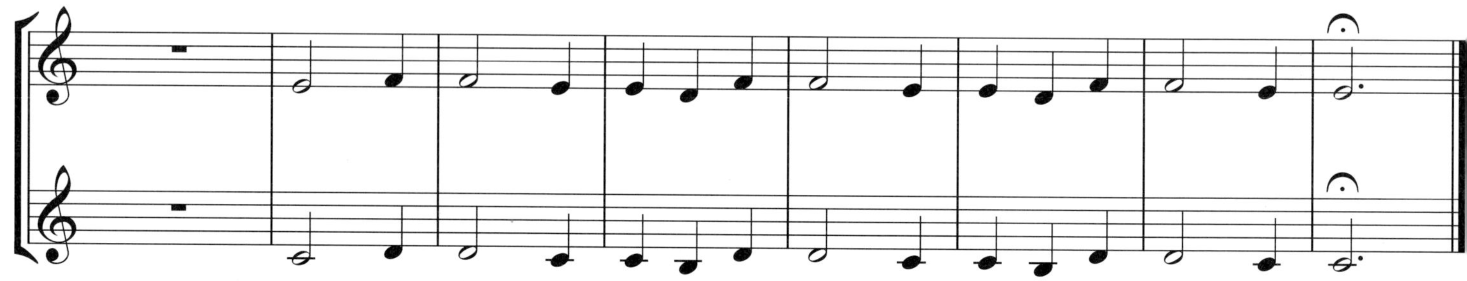

14

* Barcarolle : 베네치아의 곤돌라 사공이 부르는 노래

1. G음
2. 붙임줄

G음

G음은 아무 키도 누르지 않습니다.

G음을 연주할 때 악기가 흔들리지 않도록 조심하세요.

오른손 엄지를 엄지 받침대에 잘 고정시키고, 나머지 손가락들을 너무 많이 들어 올리지 않도록 합니다.

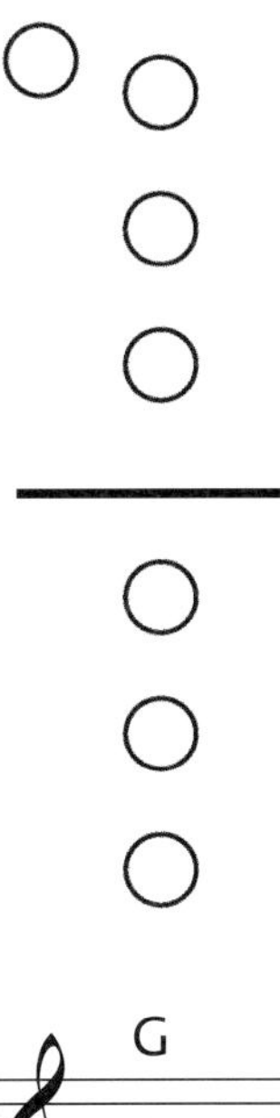

연습 1.

음을 최대한 길게 연주하세요. 이 연습을 여러 번 반복하세요.

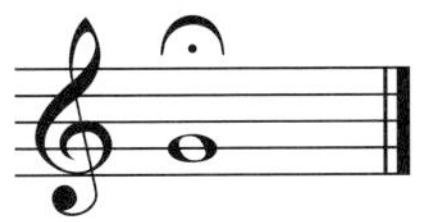

연습 2.

음이 바뀔 때마다 텅잉하는 것을 잊지 마세요.

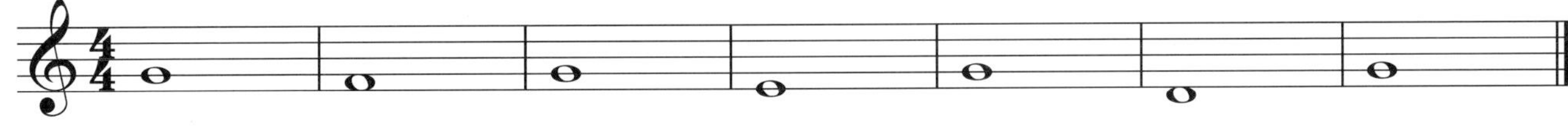

연습 3.

텅잉과 손가락의 움직임이 조화를 이루도록 이 연습곡을 여러 번 연습하세요.

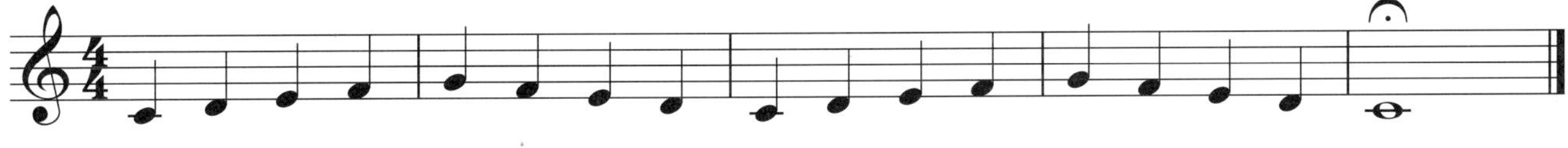

연습 4.

C, E, G음을 혼동하지 않도록 잘 보고 연습하세요.

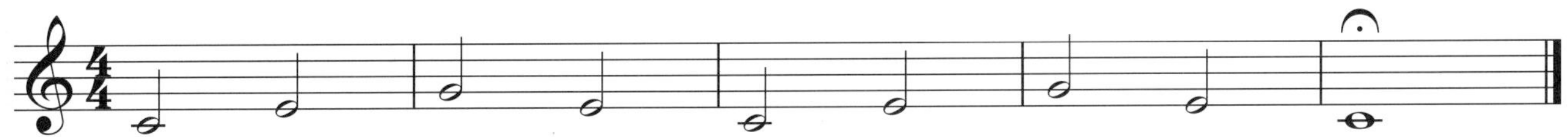

붙임줄

두 음표를 붙임줄로 연결하면 음의 길이가 길어집니다.
음높이가 같은 두 음표를 잇는 곡선이 붙임줄입니다. 이 때 음의 길이는 두 음표의 길이를 더한 만큼입니다.
붙임줄은 주로 어떤 음이 다음 마디까지 넘어가야 하는 경우에 사용합니다.

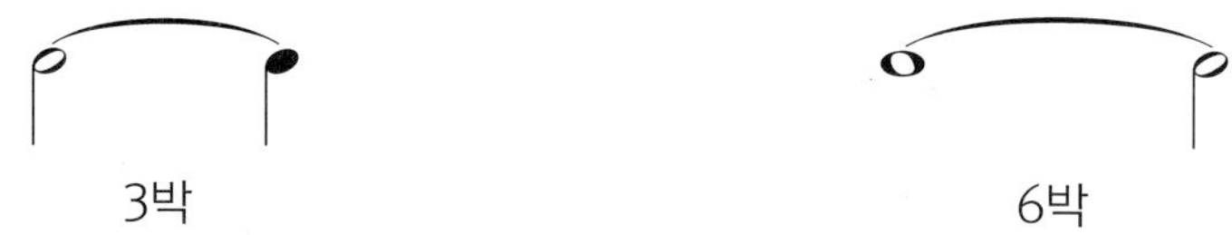

연습 5.

박을 잘 세며 연주하세요.

연습 6.

쉼표와 음표의 위치를 잘 보며 연주하세요.

 **클라리넷 스페셜**

자세 확인!

목구멍을 열고 호흡하고 있나요?
손가락을 항상 악기 근처에 두고 있나요?

레슨 3을 위한 연주곡

Jingle Bells (징글벨)

goals:

1. A음
2. 셈여림표: *f*와 *p*
3. 슬러 주법

Tip

A음

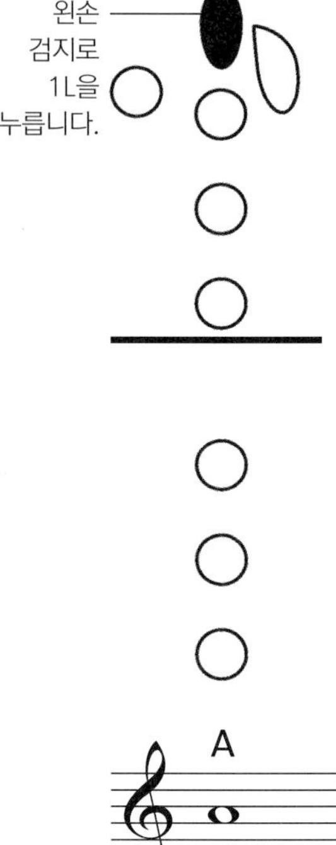

A음을 연주할 때는 검지를 들었다가 내리지 말고, 손가락을 위아래로 돌리면서 검지를 옆면으로 키를 누릅니다. 이렇게 하면 더 편안하게 연주할 수 있습니다.

연습 1.

검지를 돌리듯이 연주하세요.

셈여림표

음표와 리듬은 음악의 중요한 요소들이지만, 곡의 분위기가 표현되지 않는다면 음악은 생기를 잃고 기계적으로 들릴 것입니다. 음악에 색채를 더하는 한 가지 방법은 다양한 크기의 소리로 연주하는 것입니다.

f : 포르테 (Forte), 세게

p : 피아노 (Piano), 여리게

연습 2.

셈여림표에 맞게 연주하세요.
f 에서는 숨을 많이 내쉬고, *p* 에서는 숨을 적게 내쉽니다.

빠르게 연주하는 것보다 느리고 정확하게 연주하는 것이 더 어렵습니다. 또렷한 소리를 낼 수 있을 때까지 천천히 연습하세요.

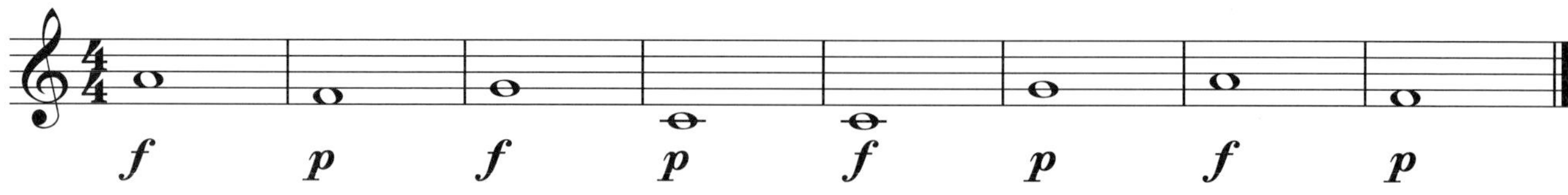

연습 3.

A음을 위한 연습입니다. 손가락을 들었다가 내리지 말고 돌리듯이 A 키를 누르세요.
처음에는 천천히 연습하고, 익숙해진 다음에는 조금씩 빠르게 연주해보세요. 한 호흡에 연주할 수 있나요?

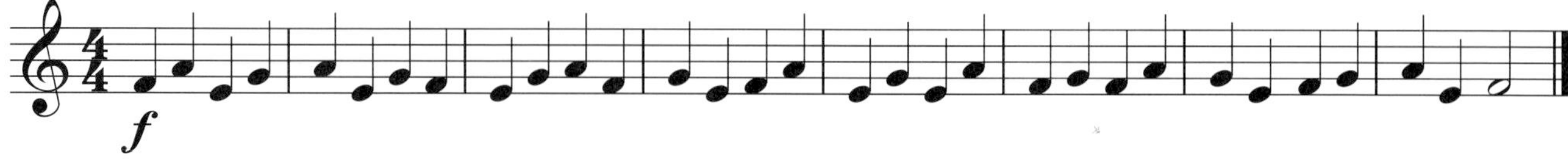

연습 4.

음표가 모두 보표의 칸에 그려져 있습니다. D, F, A음을 혼동하지 않도록 잘 보고 연주하세요.

슬러 주법

지금까지는 모든 음에 '**디-**'하며 텅잉을 했습니다. 하지만 모든 음에 텅잉을 하면 부드러운 선율을 연주할 수 없기 때문에 음악이 끊어지는 것처럼 들릴 수 있습니다.

여러 음을 슬러로 연주하면 음악이 부드러워집니다. 슬러를 연주할 때는 각 슬러의 시작음에만 텅잉을 합니다. 나머지는 텅잉 없이 운지만 바꿉니다. 슬러 기호인 이음줄은 붙임줄과 똑같이 생겼지만 서로 다른 높이의 음들을 연결한다는 점이 다릅니다.

Tip

슬러를 마칠 때는 혀를 다시 리드에 댑니다. 이렇게 해야 또렷하고 깔끔하게 선율을 마칠 수 있기 때문입니다.

연습 5. 두 음 슬러

첫 음에만 텅잉을 합니다. 두 번째 음까지 호흡을 잃지 않도록 유의하세요.

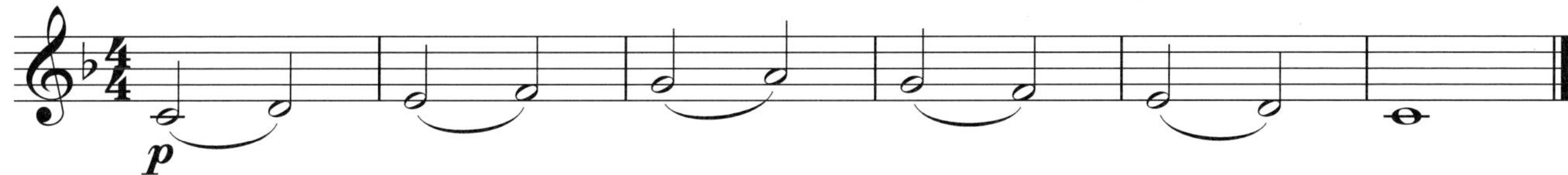

연습 6.

한 번에 세 음을 슬러로 연주합니다. 천천히 1, 2, 3박을 세면서 연주하세요.

연습 7.

레슨 2의 '뱃노래'를 다시 연주해보세요. 슬러와 셈여림표를 지켜 연주하면 훨씬 더 자장가처럼 들릴 것입니다.

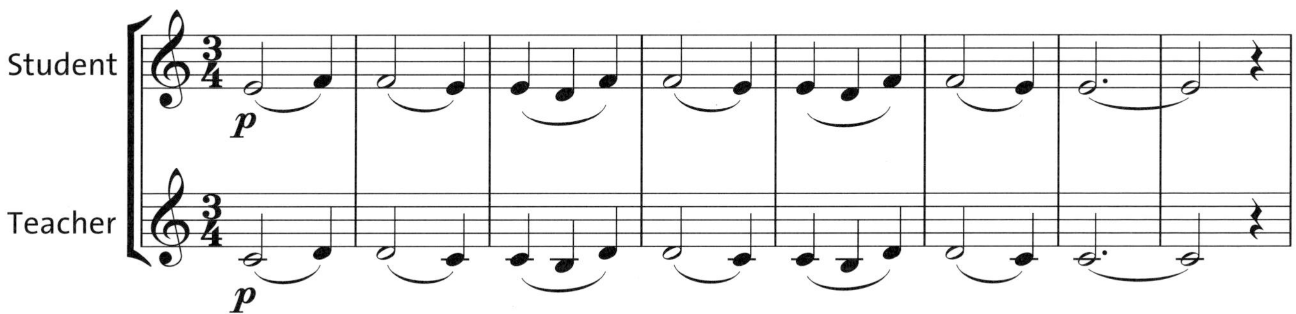

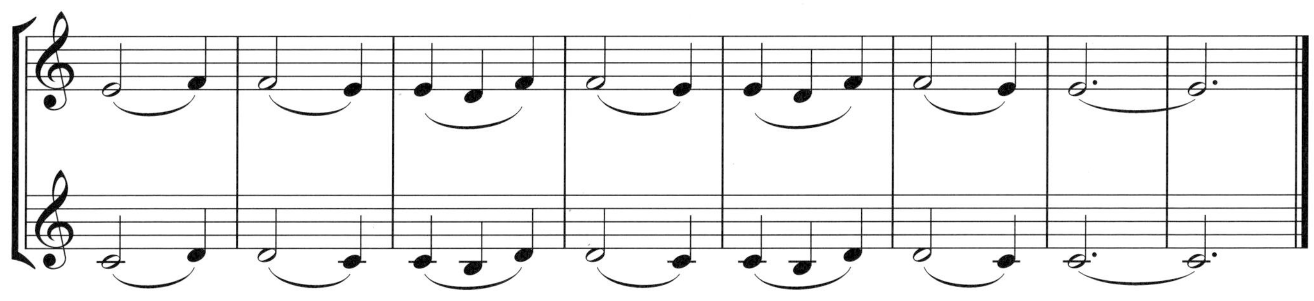

레슨 4를 위한 연주곡

19-20 ## When The Saints Go Marching In (성자의 행진)

21-22 ## Joshua Fought The Battle Of Jericho (여리고의 전투)

* 흑인 영가

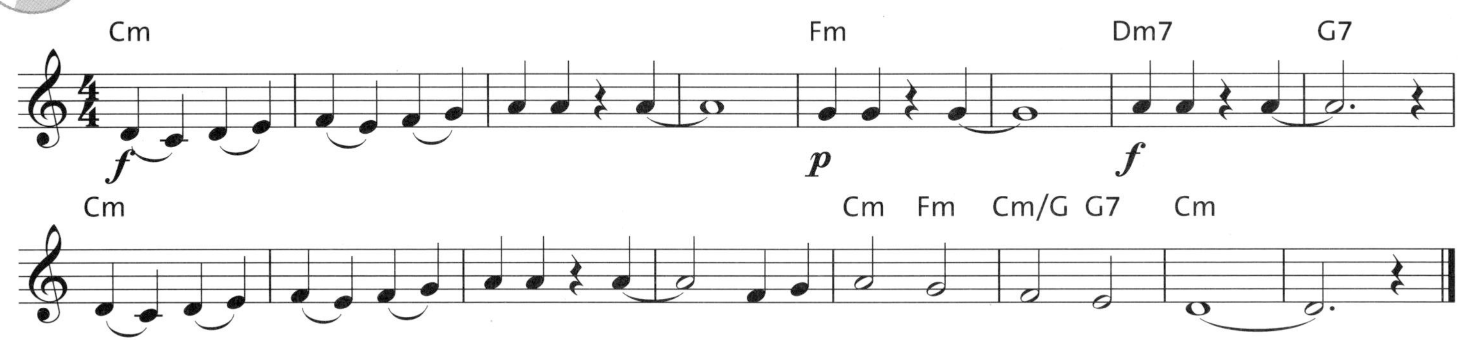

* 흑인 영가 : 아프리카에서 노예로 끌려간 흑인들이 만들어 부르던 노래

23-24 ## Coventry Carol (코벤트리 캐롤)

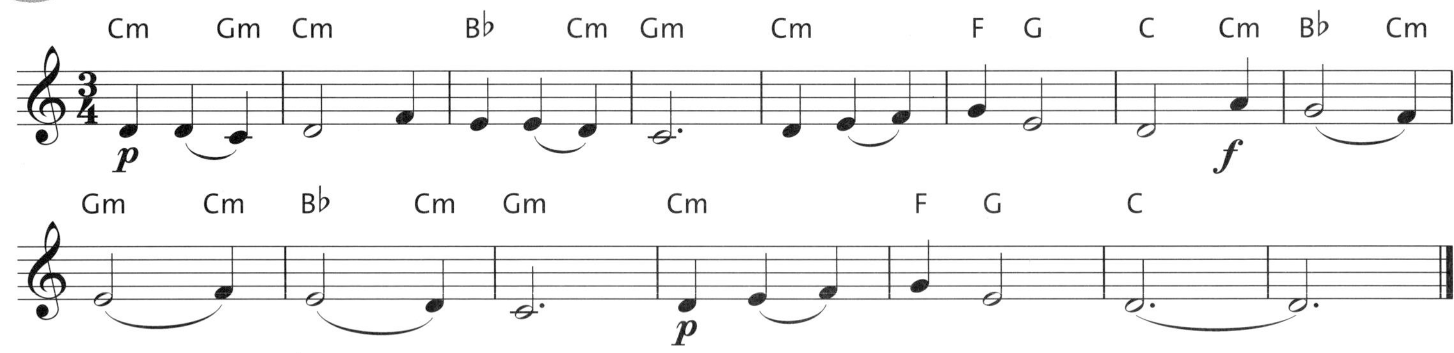

Canon For Two (두 명을 위한 캐논)

두 번째 연주자는 한 마디 뒤에 시작합니다.

goals:

1. F♯음
2. 온음과 반음
3. 도돌이표
4. 샵과 제자리표
5. 임시표

F♯음

음이름에 샵(♯)이 붙으면 그 음을 반음 올리라는 뜻입니다.
F♯을 F, G음과 비교해보세요.
F보다는 높고 G음보다는 낮은 음입니다.

F와 G음의 거리를 **온음**이라고 합니다.

F와 F♯음, F♯과 G음 사이는 **반음**입니다.

건반 악기에서 연주할 수 있는 가장 가까운 음정이 반음입니다.

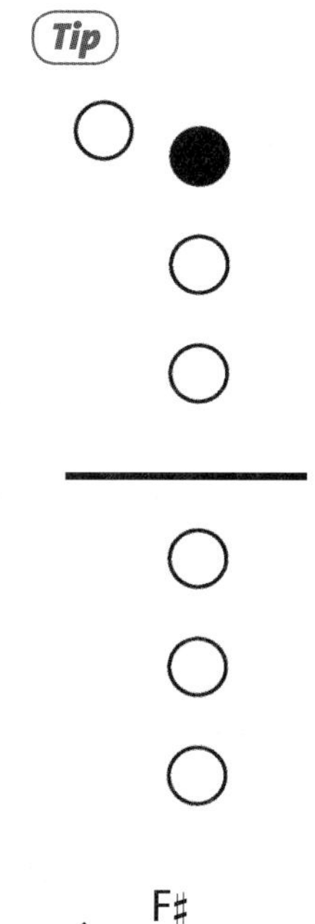

사용하지 않는 손가락도 둥글게 말아 항상 악기 근처에 둡니다.

연습 1.

오른손 엄지로 클라리넷을 잘 받치세요.

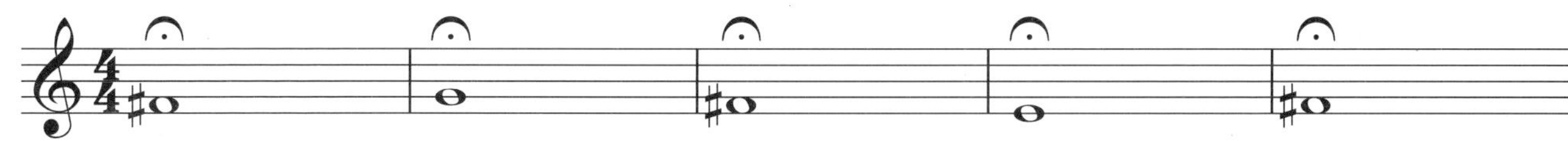

연습 2. 샵과 제자리표 (Sharp & nathural)

F와 G음 사이는 온음이고 F와 F♯음 사이는 반음입니다. ♮ 기호는 내추럴 또는 제자리표라고 부르고, ♯이나 ♭(플랫) 없이 연주하라는 뜻입니다. ♮가 있으면 F♯이 아닌 F음을 연주하세요.

점이 두 개 찍힌 겹세로줄은 도돌이표입니다. 처음부터 마디 4까지 연주한 다음, 앞의 도돌이표로 돌아가서 한 번 더 연주하라는 뜻입니다.
연주할 때는 가능하면 손가락을 많이 움직이지 않도록 하세요.

연습 3. 임시표

마디 중간에 ♯, ♭기호가 나오는 것을 임시표라고 합니다. 임시표는 그 마디 안에서만 유효하며, 다음 마디로 넘어가면 자동으로 취소됩니다. 하지만 ♯이나 ♭이 나온 다음 같은 마디 안에서 ♮가 나오면 그 임시표는 바로 취소됩니다.
♯과 ♮를 잘 보며 연주해보세요.

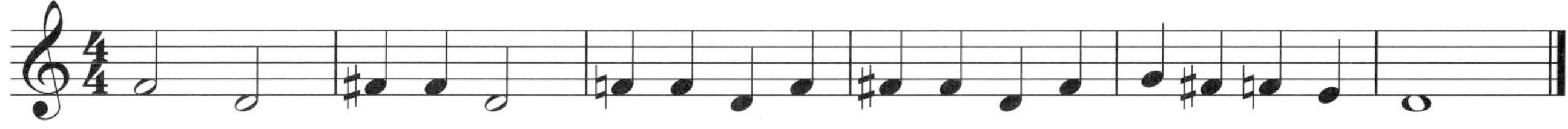

레슨 5를 위한 연주곡

 25-26 *Jingle Bells* (징글벨)

27 *Abide With Me* (함께 하소서)

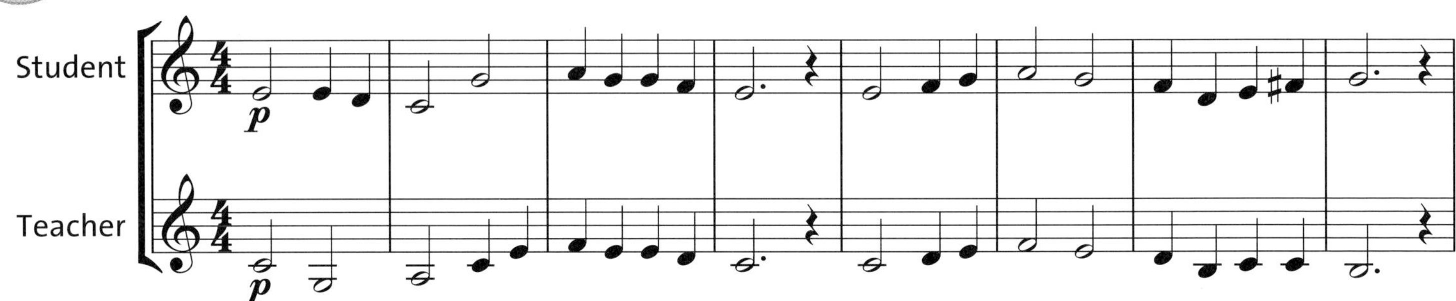

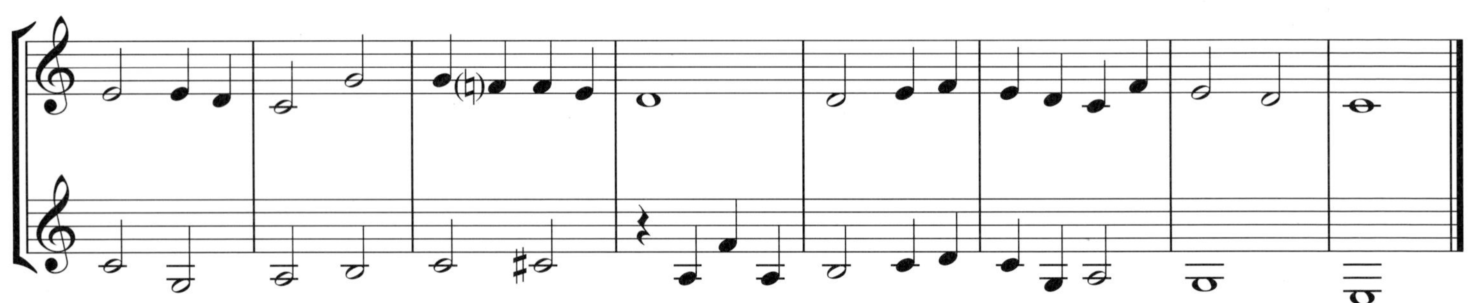

28-29 *Juggling* (저글링)

Lesson 1 ~ 5

1. 음의 길이

다음 길이의 음표를 그리세요.

4박   2박   1박   3박

(4)

2. 쉼표

다음 길이의 쉼표를 그리세요.

4박   2박   1박   3박

(4)

3. 음표와 음이름

다음 음들을 2분음표로 그리세요.

C   E   A   F   D   F#

(8)

4. 샵

이 악보대로 연주하면 F#음이 몇 번 나오나요? ______________

(2)

5. 마디

박자표를 잘 보고 세로줄을 그리세요.

(7)

Total (25)

1. B음
2. 플랫

3. 조표
4. C장조, F장조, G장조

B음

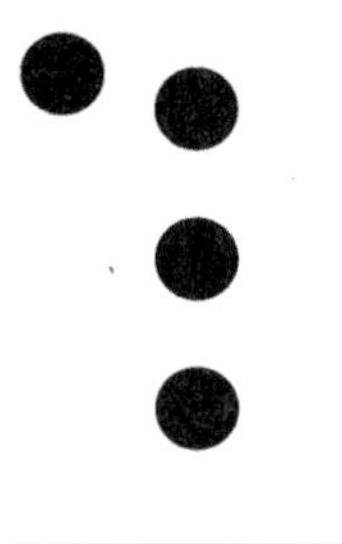

B음은 레슨1에서 배운 C음보다 반음 낮은 음입니다.

연습 1.

B음과 C음이 얼마나 가까운지 들어보세요.

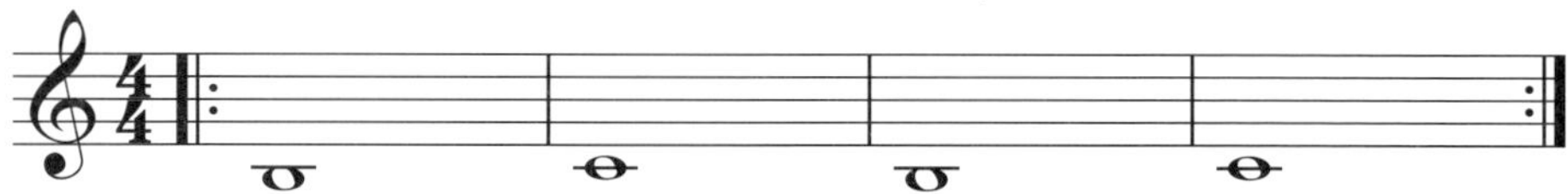

연습 2.

손가락이 정확하고 깨끗하게 움직이도록 연습하세요. 마디 2에서 A음을 연주할 때는 손가락을 돌리면서 A 키를 누르세요.

여러 가지 조(key)와 조표

아주 단순한 선율을 노래할 때에도 내기 힘든 높은 음이 있습니다.
대신 조금 낮은 음에서 시작하면 내기 힘들었던 고음도 편안하게 낼 수 있게 됩니다.
이렇게 시작하는 음을 바꿔 노래하는 것은 다른 조에서 노래를 부르는 것입니다.

음악에는 여러 가지 조가 있고, 조에 따라 구성음이 달라집니다.
C장조는 ♯이나 ♭이 없기 때문에 쉽습니다.
G장조에서는 F 대신 F♯음을 사용합니다.
F장조에서는 B에 ♭(플랫)이 붙어 B♭음이 사용됩니다.
음이름에 ♭이 붙으면 그 음을 반음 낮추라는 뜻입니다.
악보에서 음자리표 옆의 ♯이나 ♭은 조표입니다. 조표를 보면 무슨 조인지 알 수 있습니다.

연습 3. 두 가지 조 비교하기

위의 악보는 F장조이고 아래의 악보는 G장조입니다. 조표를 잘 보고 두 선율을 비교하며 연주해보세요.

Barcarolle (뱃노래)
Offenbach

레슨 2에서는 윗단을 연주했습니다. 이번에는 아랫단을 연주해보세요!

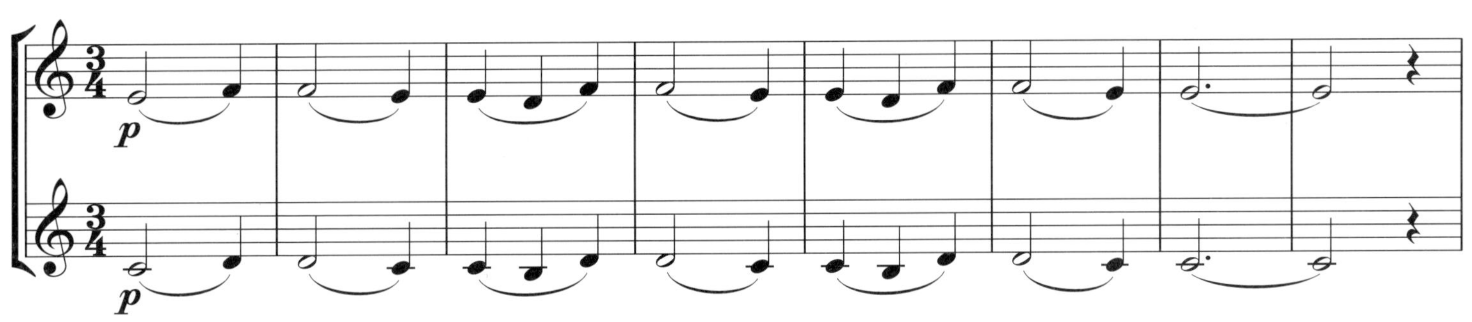

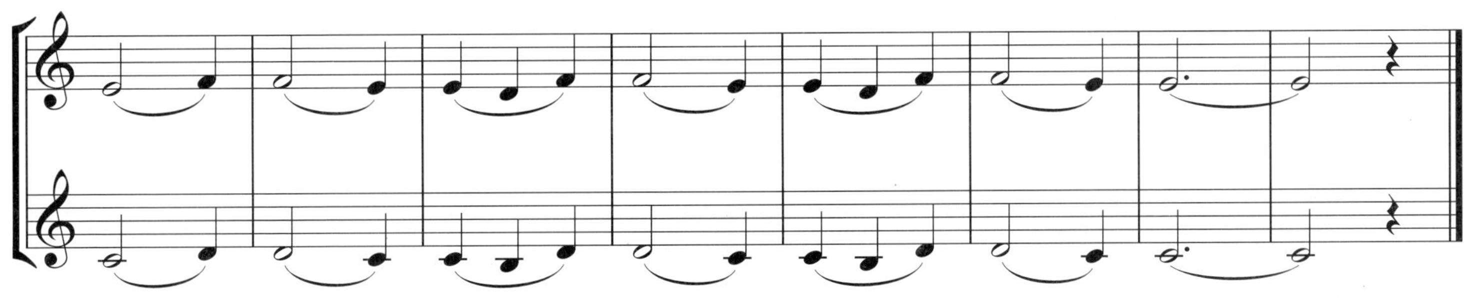

In Paris (파리에서)

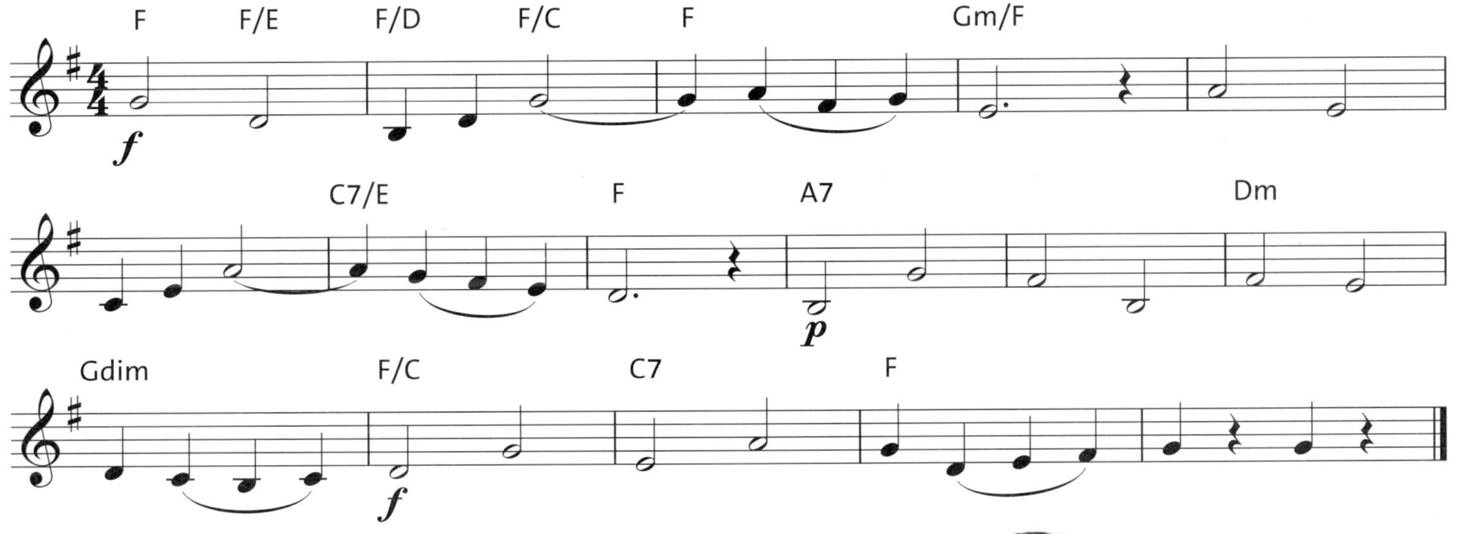

연습 확인!

연습할 때 항상 긴 음표부터 연습하고 있나요?

긴 음표를 꾸준히 연습하면 소리도 좋아지고
오래 연주할 수 있는 지구력도 길러집니다.

When The Saints Go Marching In (성자의 행진)

조표에서 C♯은 신경쓰지 마세요. 이 곡에서는 C♯음이 나오지 않습니다.

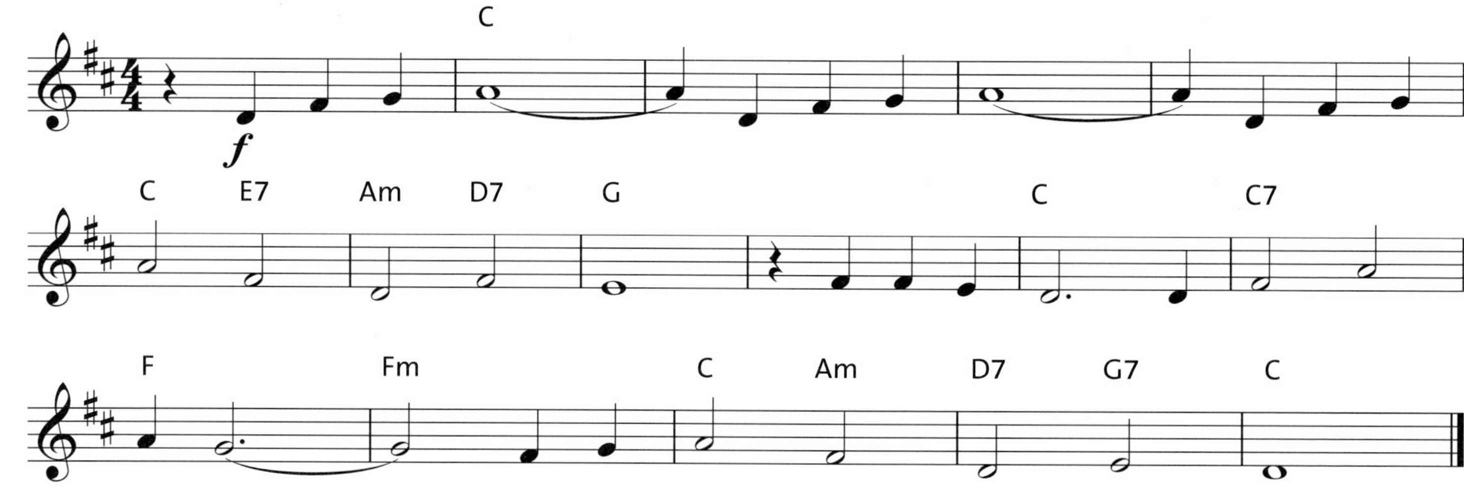

Steal Away (본향으로 가리)

흑인 영가

The Unfinished Symphony ('미완성 교향곡' 제 2주제)

Schubert

한 마디에 6박이 들어갑니다. 중간에 F♯음이 나오니 주의하세요.
조표에서 B♭은 신경쓰지 마세요. 이 곡에서는 B♭음이 나오지 않습니다.

Nkosi Sikelel' (신이여 아프리카를 축복하소서)

Sontonga

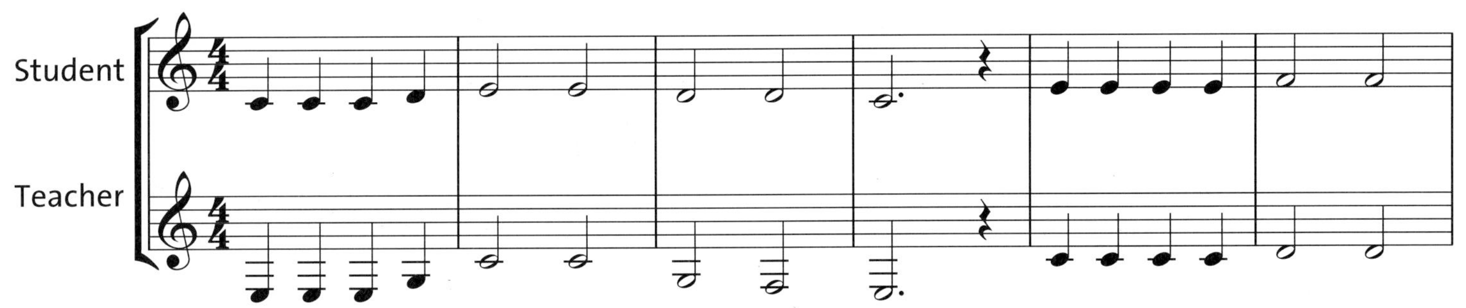

Magnetic Forks (자석 포크)

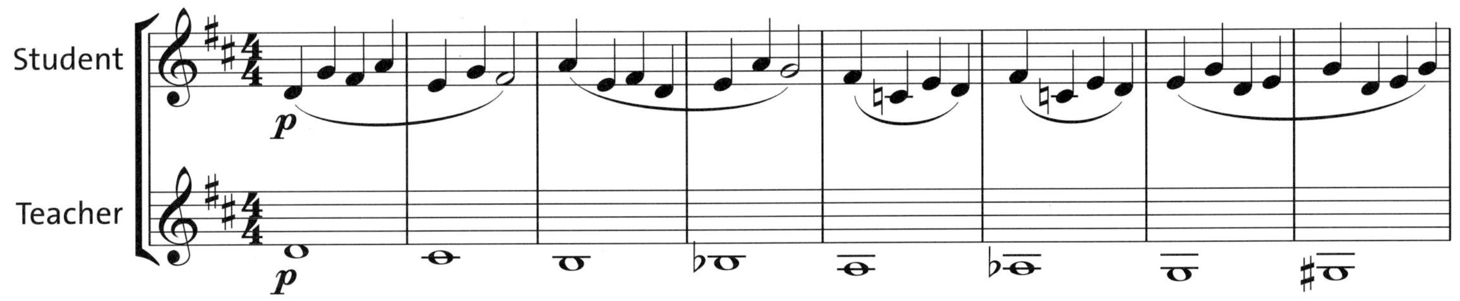

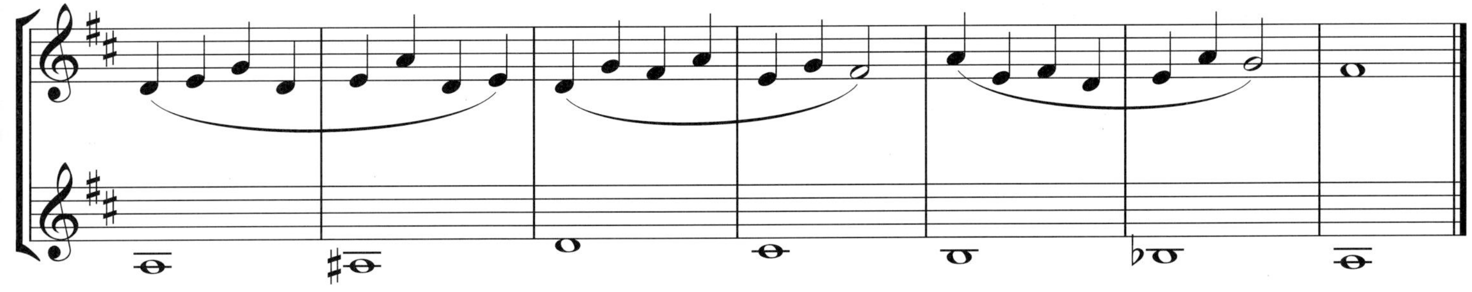

goals:

1. A음과 G음
2. 옥타브
3. 커먼타임 (C)
4. D.C. al Fine (다 카포 알 피네)

A음

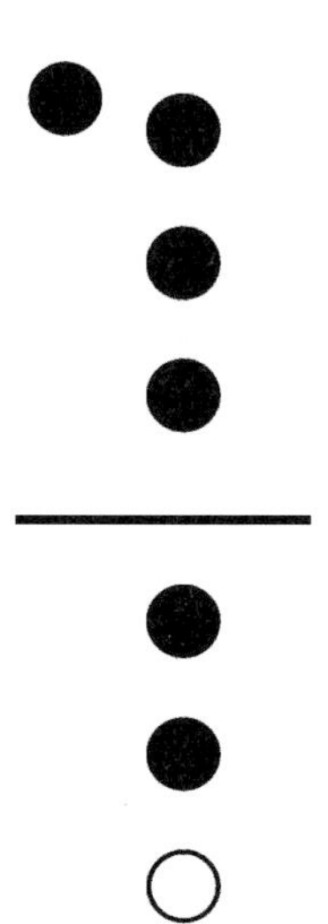

A

G음

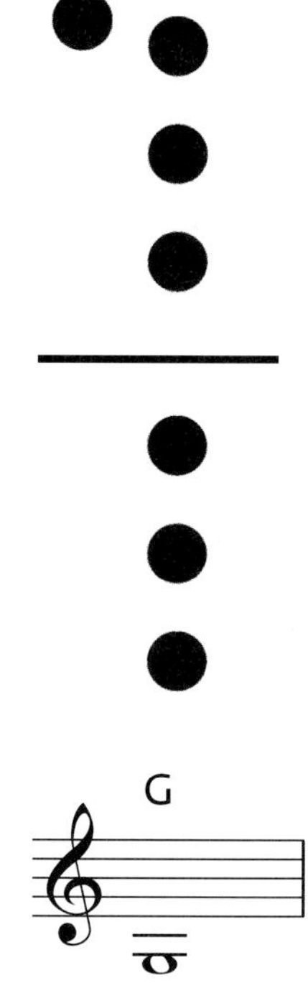

G

옥타브

Tip

연습이 실력을 만듭니다. 인내심을 가지고 꾸준히 연습하다보면 강하고 좋은 소리를 낼 수 있게 될 것입니다. 호흡을 컨트롤할 수 있도록 반드시 횡격막으로 호흡하세요. 가장 중요한 것은 힘을 빼고 편안한 자세로 연주하는 것입니다.

이번 레슨에서 배우는 A와 G음은 앞에서 배운 A, G음보다 한 옥타브 낮은 음들입니다.

연습 1.

낮은 A와 높은 A, 낮은 G와 높은 G음을 비교하며 연주해보세요.

악보의 **C** 기호는 **커먼타임** (common time)의 약자입니다. 커먼타임은 $\frac{4}{4}$ 박자와 같습니다.

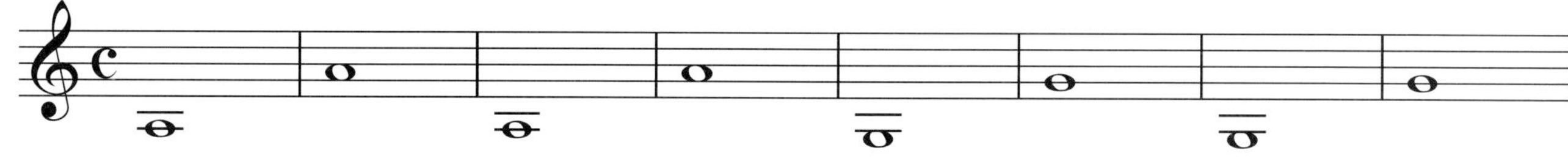

연습 2.

악기 안에 입김을 분다는 생각으로 목구멍을 열고 연주하면 아름다운 저음을 낼 수 있을 것입니다.

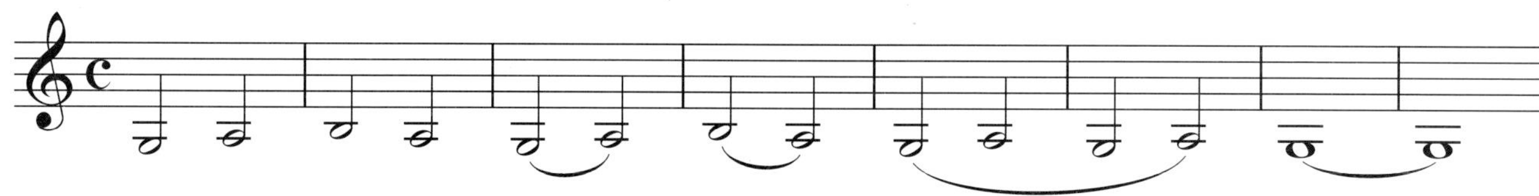

레슨 7을 위한 연주곡

O Come All Ye Faithful (참 반가운 신도여)

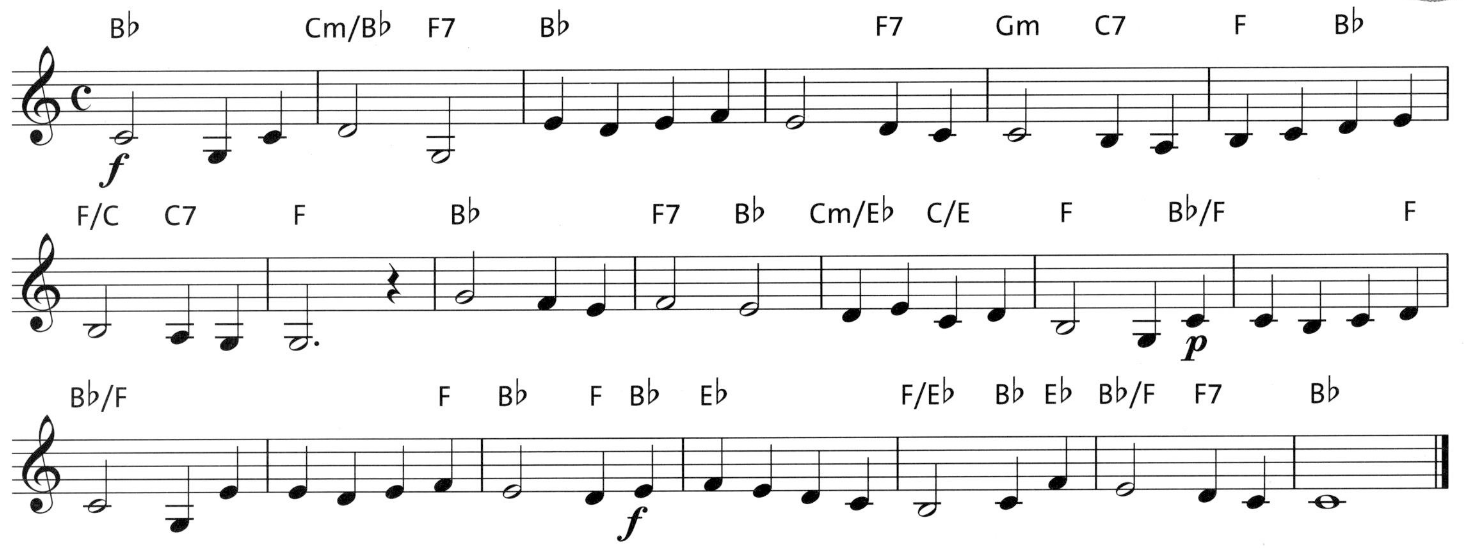

Skye Boat Song (스카이의 뱃노래)

스코틀랜드 민요

D.C. al Fine는 처음으로 돌아가서 Fine까지 연주하라는 뜻입니다. 도돌이표가 있는 마지막 단을 두 번 연주한 다음 처음으로 돌아가서 Fine가 있는 곳까지 연주하세요.

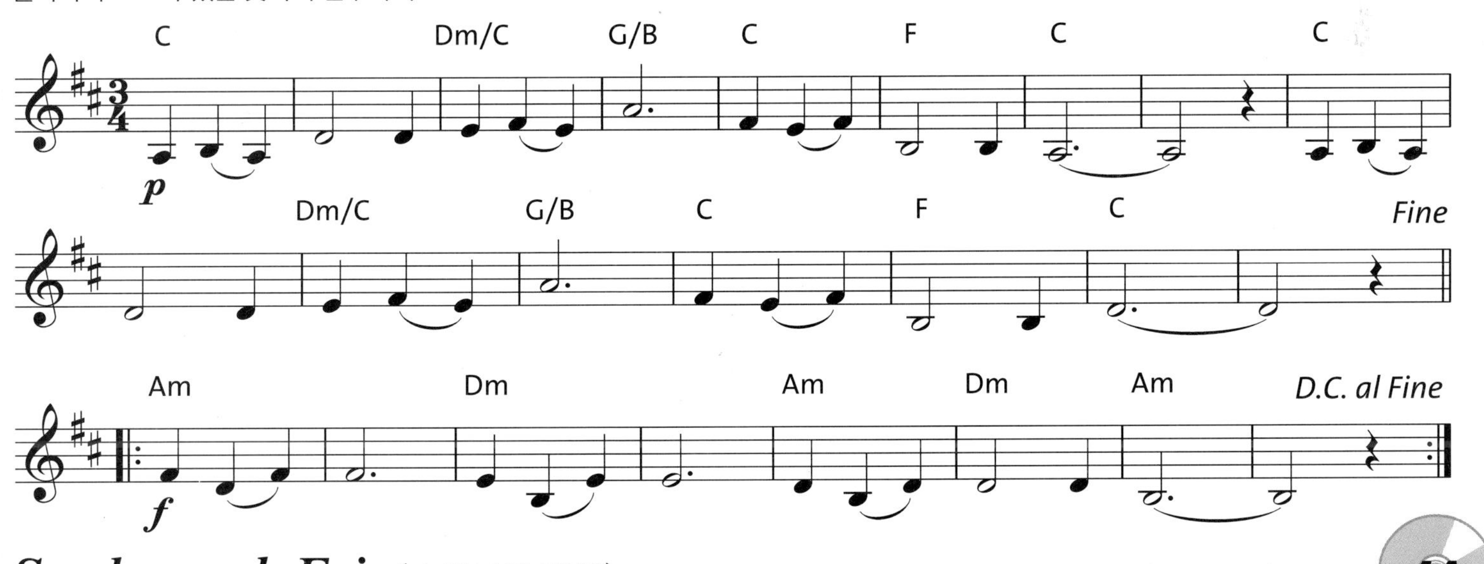

Scarborough Fair (스카보로 페어)

영국 민요

윗단과 아랫단 중 하나를 선택하여 연습하세요. 두 단을 모두 연주해도 좋습니다!

goals:

1. 8분음표와 8분쉼표
2. G장조 음계
3. 빠르기말

8분음표와 8분쉼표

Tip

* 초견은 음악가에게 중요한 기술입니다. 한 번도 연주해보지 않은 악보를 보고 곧바로 연주하는 연습을 꾸준히 하면 초견 실력이 늘 것입니다.

연주할 때는 항상 일정한 박을 유지하세요.

* 초견: 처음 보는 악보를 연주하는 것

지금까지 온음표 (4박), 2분음표 (2박), 4분음표 (1박)를 배웠습니다.
두 음표를 붙임줄로 연결하거나 음표 옆에 점을 찍어 음의 길이를 늘이는 법도 배웠습니다.

8분음표와 8분쉼표는 4분음표의 절반 길이입니다.

8분음표와 8분쉼표

8분음표 2개 묶음 (1쌍이 1박)

8분음표 4개 묶음 (2박)

연습 1. 두 배씩 빠르게!

너무 빠른 속도로 시작하지 말고, 속도를 일정하게 유지하세요.

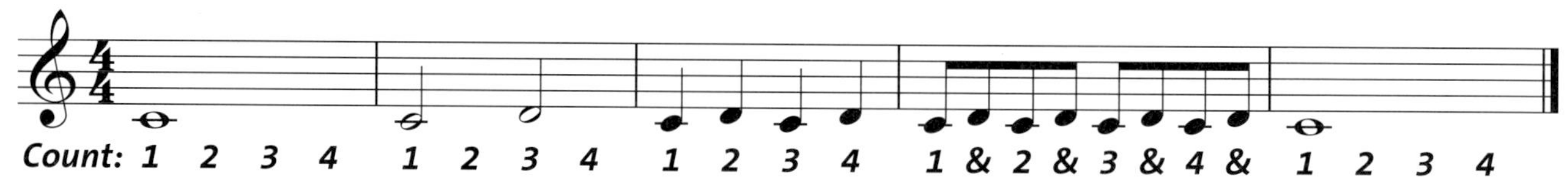

연습 2. 3박자 연습

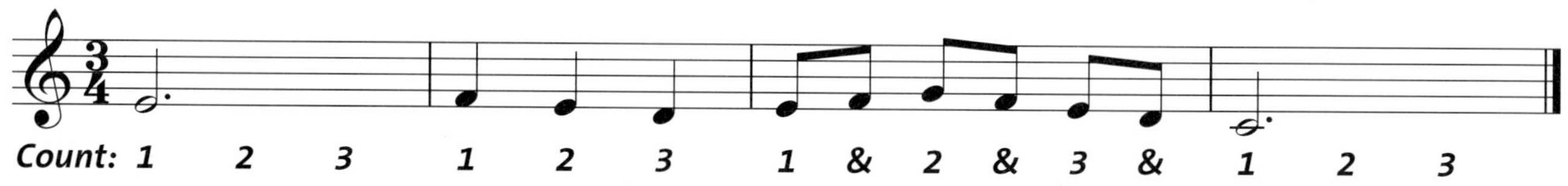

연습 3. G장조 음계

천천히 일정한 박으로 연주하면서 모든 음이 하나의 선율처럼 연결되도록 연습하세요.

한 음씩 올라가서 한 옥타브 높은 음까지 올라가거나 내려오는 것을 음계라고 합니다.
이 연습은 G음에서 시작해서 한 옥타브 높은 G음까지 올라갔다가 다시 한 음씩 내려와 제자리로 돌아옵니다.
텅잉과 슬러 주법으로 연습하세요.

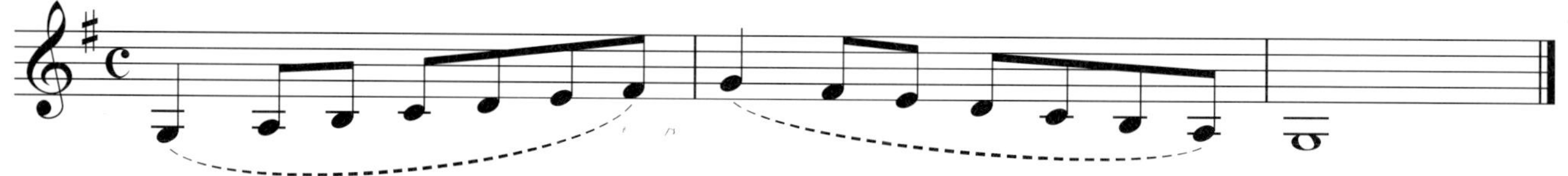

레슨 8을 위한 연주곡

Yankee Doodle (양키 두들)

8분음표를 연습할 수 있는 곡입니다. 한 마디에 2박이 들어가는 곡입니다.
악보 위의 * 빠르기말 (Tempo & character marking)을 확인하고 연주하세요.

Can Can (캉캉) — Offenbach

Nessun Dorma (공주는 잠 못 이루고) — Puccini

Der Vogelfanger binichja (나는야 새잡이) 《마술 피리》에서 — Mozart

Swing Low, Sweet Chariot (흔들리는 마차) — 흑인 영가

goals:

1. 낮은 B♭음과 높은 B♭음
2. 점4분음표
3. 못갖춘마디

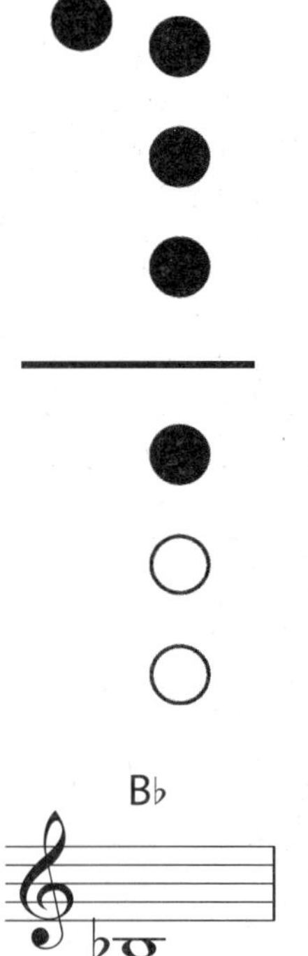

낮은 B♭음

B♭

♭은 음을 반음 내려줍니다.

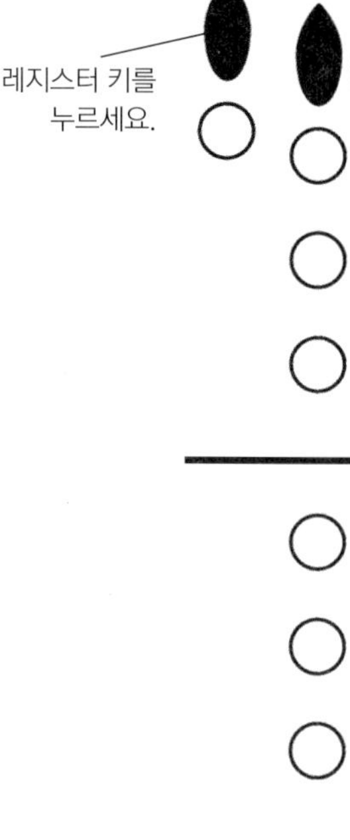

높은 B♭음

B♭

B♭은 B음보다 반음 낮고 A음보다 반음
높은 음입니다.

Tip

레지스터 키는
레슨 12에서
더 자세히
배웁니다.

연습 1.

높은 B♭음을 낼 때는 (A키를 잡을 때처럼) 검지와 엄지를 옆으로 돌리세요.
음을 최대한 길게 연주하세요. 연습은 항상 긴 음표부터 하는 것이 좋습니다.

점4분음표

음표를 붙임줄로 연결하는
대신 점음표를 사용하기도
합니다. 붙임줄이 많이 있는
것보다 악보가 단순해서
읽기 편하기 때문입니다.

원래는 2분음표 옆에 점이 있으면 3박이 된다는 것을 앞에서 배웠습니다.
4분음표도 옆에 점이 있으면 음의 길이가 1.5배 늘어납니다.
그래서 점4분음표는 8분음표 2개가 아닌 3개의 길이가 됩니다.

연습 2.

천천히 연주하며 8분음표의 박을 세어보세요. 글을 읽듯 자연스럽게 리듬을 읽을 수 있도록 연습하세요.

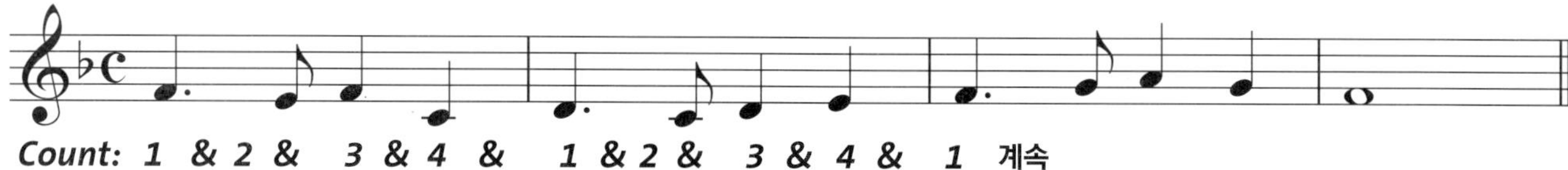

연습 3.

여러 번 반복해서 연습하세요.

연습할 때마다 조금씩 빠르게 하다보면 8분음표를 하나하나 세지 않아도 리듬 패턴을 느낄 수 있게 될 것입니다.

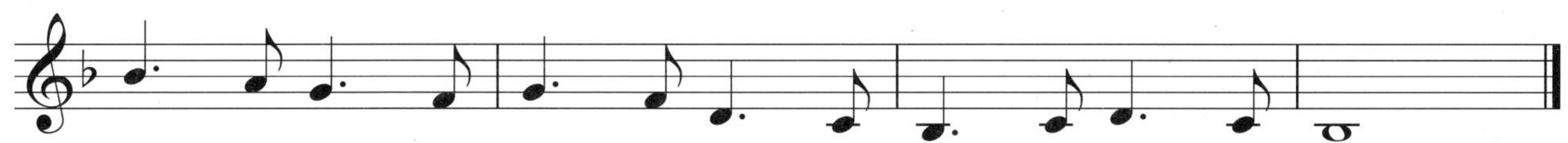

연습 4.

자주 사용되지만 조금 까다로운 리듬을 위한 연습입니다.

한 마디에 3박이 들어가는 곡입니다.

못갖춘마디

《작별》은 1박 길이의 짧은 마디 (못갖춘마디)로 시작하는 곡입니다.

이 박은 마지막 마디의 마지막 박을 가져온 것입니다. 그래서 곡 시작 부분에 못갖춘마디가 있으면 곡의 끝 부분에도
불완전한 마디가 있습니다. 이 두 마디를 합하면 하나의 완전한 마디가 됩니다.

레슨 9를 위한 연주곡

Auld Lang Syne (작별)

스코틀랜드 민요

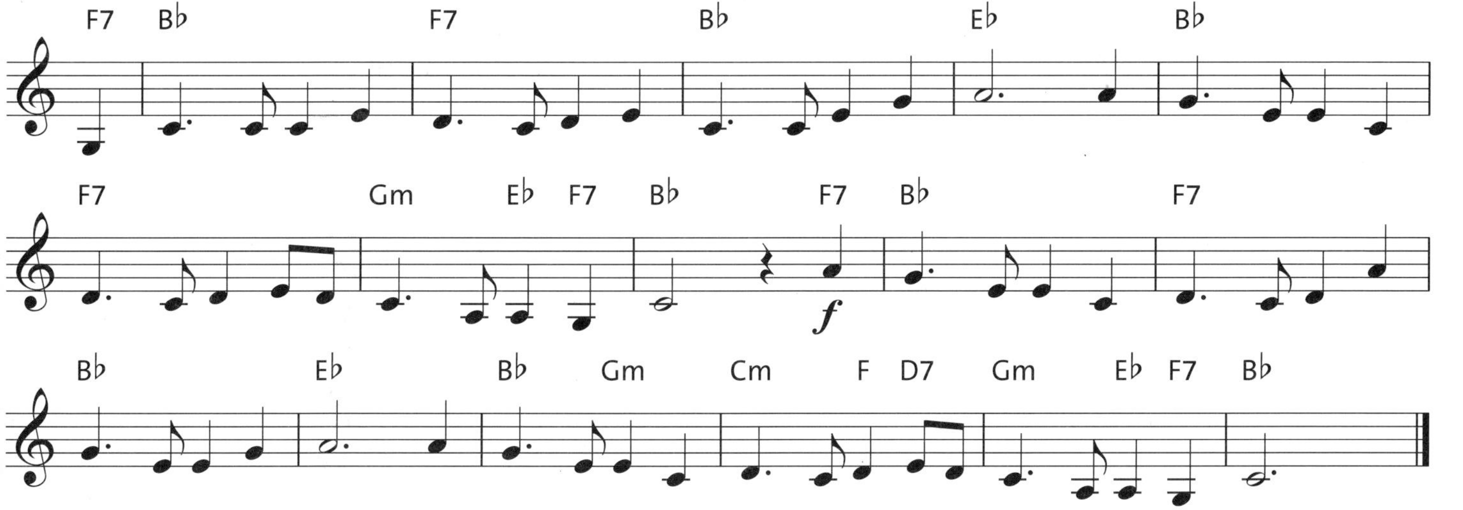

57 *Allegro* (알레그로) 《사계 중 '봄'》에서

Vivaldi

알레그로 (Allegro)는 이탈리아어로 '빠르게'라는 뜻이며, 음악에서 빠르기말로 자주 사용됩니다.
선율은 윗단에 있지만 듀엣 연주를 위해 아랫단을 연습해도 좋습니다.

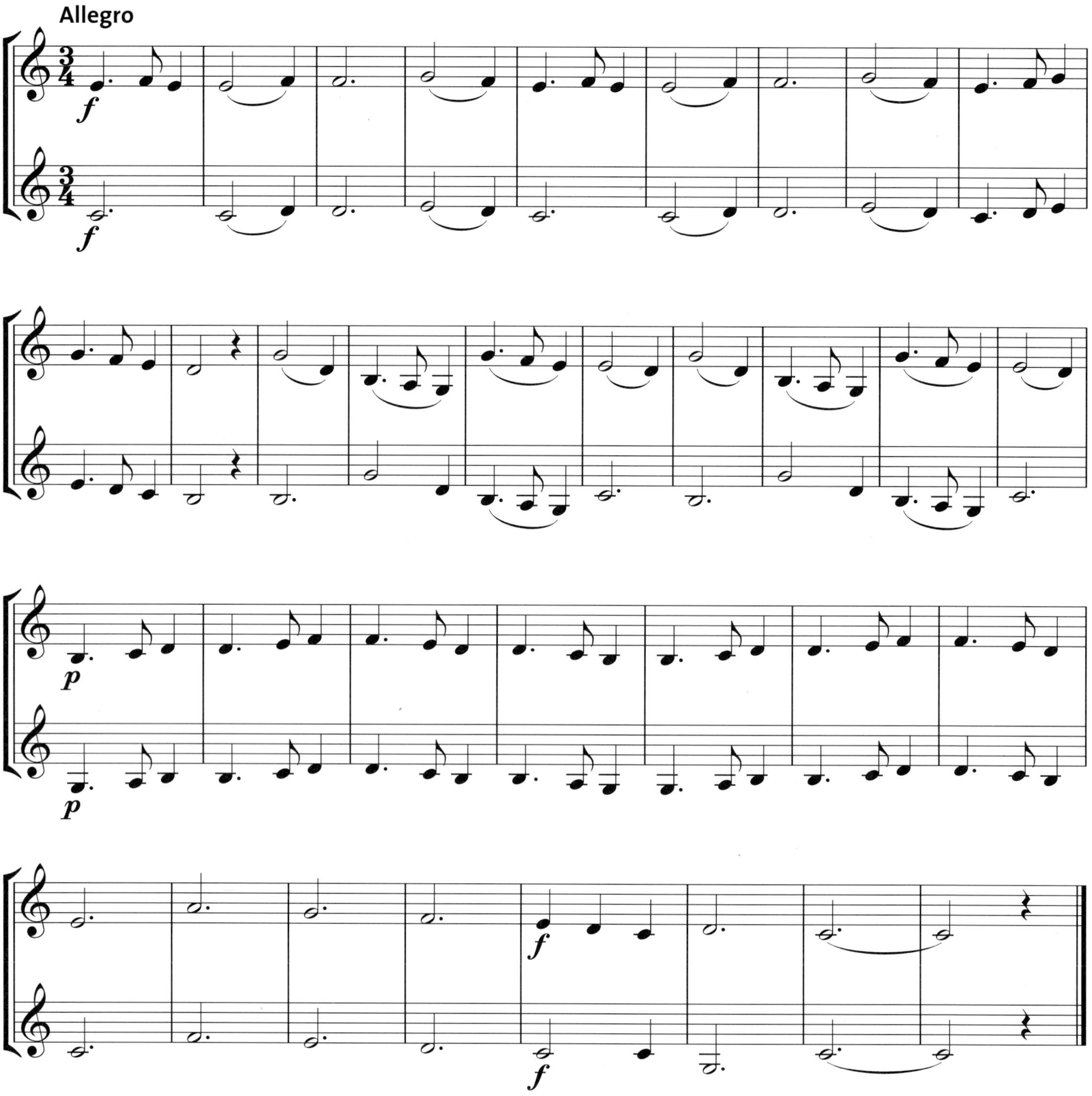

연습 확인!

연습을 잘 하고 있나요?
연습은 항상 긴 음표로 시작하고, 목구멍을 열고 횡격막으로 호흡하세요.
연주할 때는 자세가 경직되지 않도록 합니다.
매일 꾸준히 연습하면 소리도 좋아지고 손가락 힘도 기를 수 있습니다.
어느 정도 잘 연주하는 데 만족하지 말고 완벽하게 연주한 뒤에 다음 곡으로 넘어가세요.

goals:

1. 낮은 F음
2. 셈여림표: *mp*와 *mf*

낮은 F음

낮은 A음이나 낮은 G음처럼 목구멍을 열고 연주해야
따뜻하고 아름다운 소리를 낼 수 있습니다.

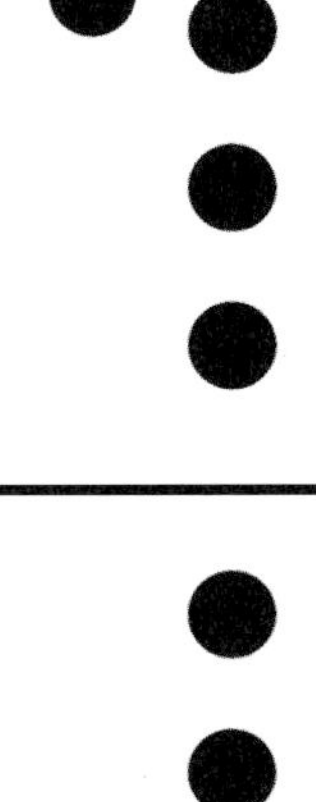

오른손 새끼 손가락으로
8R을 누르세요.

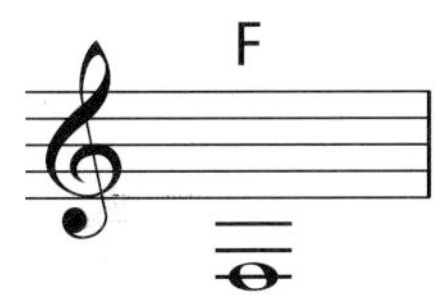

연습 1.

목구멍을 열고 최대한 오래 연주해보세요.

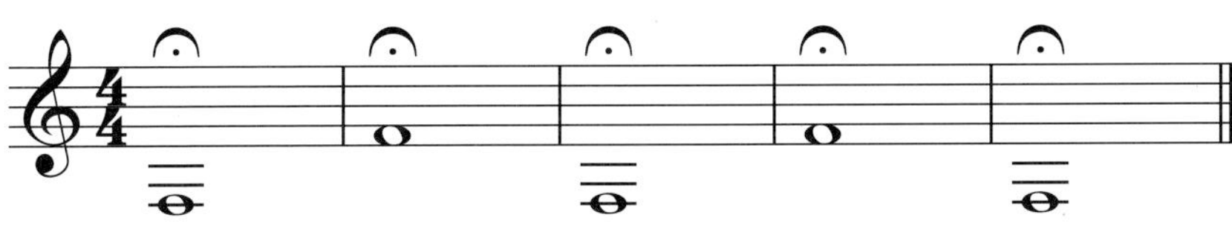

연습 2.

F장조 음계입니다. 텅잉으로 먼저 연습한 다음에 슬러로 연습하세요.
숨을 깊게 들이마신 다음에 시작하세요.

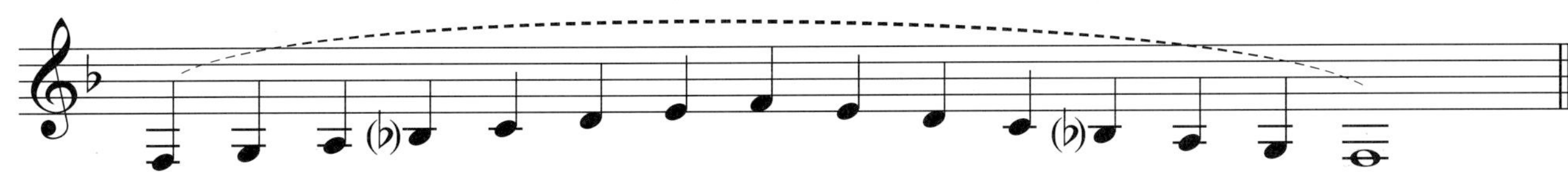

셈여림표

앞에서 배운 *p*와 *f* 사이에는 다양한 셈여림표가 있습니다.
*mp*는 조금 여리게, *mf*는 조금 세게 연주하라는 뜻입니다.
이때 *m*은 mezzo (메조)의 약자인데, 메조는 이탈리아어로 '절반'이라는 뜻입니다.

연습 3.

셈여림표를 지켜 연주해 보세요.

(Tip)

셈여림표가 계속 바뀌면
앞에서 어느 정도 크기로
연주했는지 잊어버리기
쉽습니다.
마디 1의 *f*와
마디 3의 *f*를 같은 크기로
연주하도록 신경 써서
연습하세요.
*mp*를 너무 작게 연주하면
*p*를 연주하기 어렵습니다.

레슨 10을 위한 연주곡

Silent Night (고요한 밤)

Grüber

마지막 마디의 낮은 F음에 주의하고, 셈여림표를 잘 보며 연주하세요.

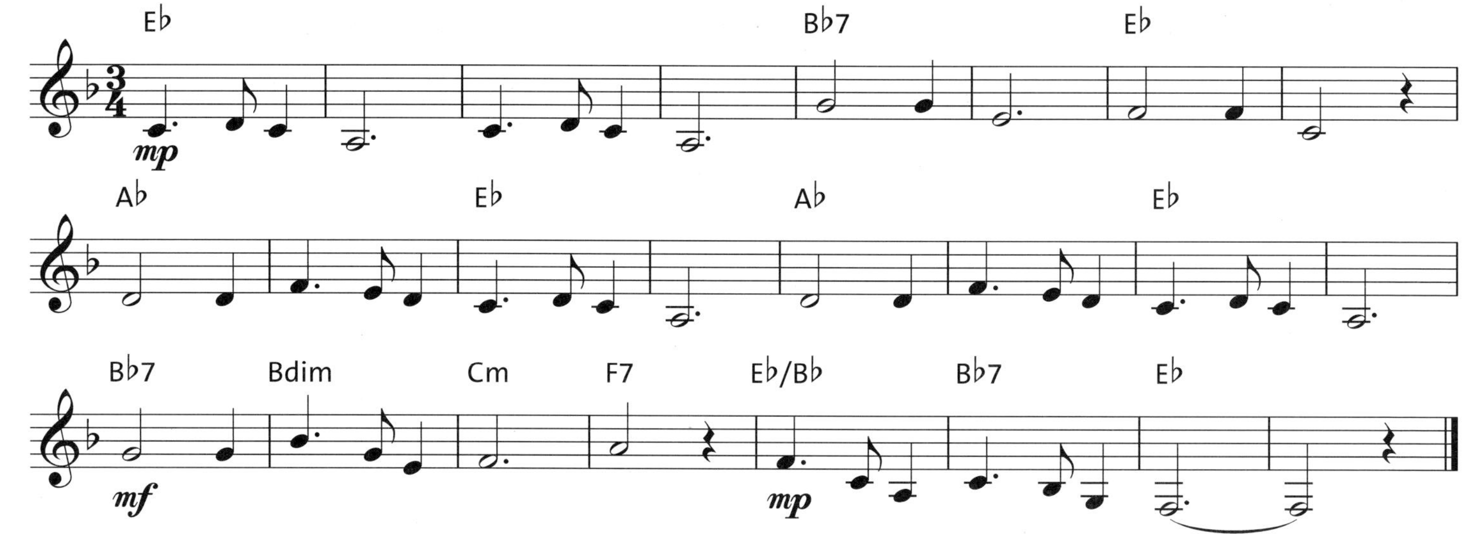

Dixie (딕시)

Emmett

조금 빠르게

Ode To Joy (환희의 송가) 《9번 교향곡》에서

Beethoven

Lesson 6 ~ 10

1. 음의 길이

알맞은 음표를 그려보세요.

8분음표　　2박 길이의 8분음표　묶음　　점4분음표　　8분음표 6개와 같은 길이의 음표

(8)

2. 조표와 음계

G장조 조표와 음계를 그려보세요.

(4)

3. 음표와 음이름

다음의 음을 4분음표로 그려보세요.

F　　낮은 F　　높은 A　B　　낮은 G　　높은 B♭　E　F♯

(4)

4. 셈여림표

다음의 뜻에 알맞은 이탈리아어를 쓰세요.

조금 세게: ______________________

조금 여리게: ______________________

(4)

5. 기호

화살표가 가리키는 것의 이름을 쓰세요.

(5)

Total (25)

1. E♭음
2. B♭장조 음계와 조표

E♭음

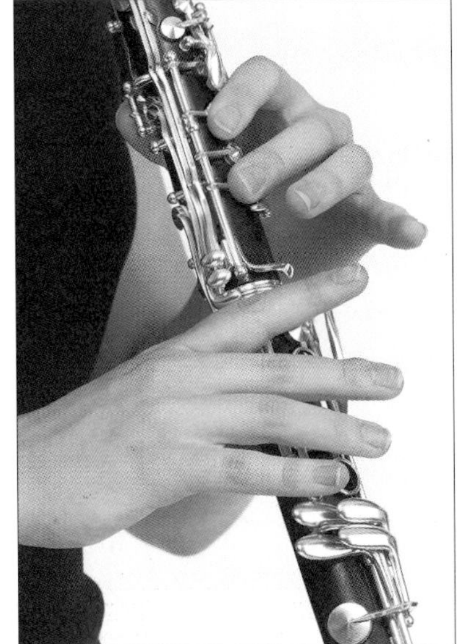

레슨 6과 9에서 배웠듯이 ♭은 음을 반음 내려줍니다.
E♭은 E보다 반음 낮고 D보다 반음 높은 음입니다.

연습 1.
손가락은 항상 최소한으로만 움직여야 합니다.

연습 2.
B♭장조의 음계입니다. B♭ 장조에는 B♭과 E♭음이 사용됩니다. 조표를 확인한 다음 텅잉과 슬러로 연습해보세요.

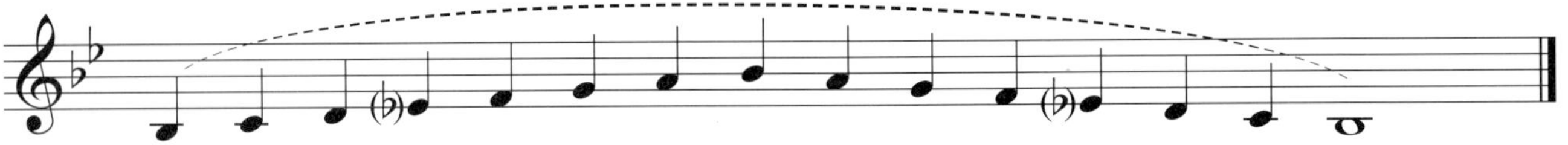

연습 2의 악보에는 괄호 안에 ♭ 기호가 있지만 보통은 조표에 있는 ♭이나 ♯ 기호를 악보에 다시 표시하지 않습니다.
그렇기 때문에 연주 전에 조표를 미리 확인하는 습관을 들이는 것이 좋습니다.

연습 3.
E♭인지 E음인지 잘 보며 연주하세요.

레슨 11을 위한 연주곡

Frère Jacques (안녕)

프랑스 민요

이 곡은 4명까지 함께 연주할 수 있습니다. 돌림노래로 연주할 때는 앞사람이 두 마디를 연주한 후에 시작하세요.

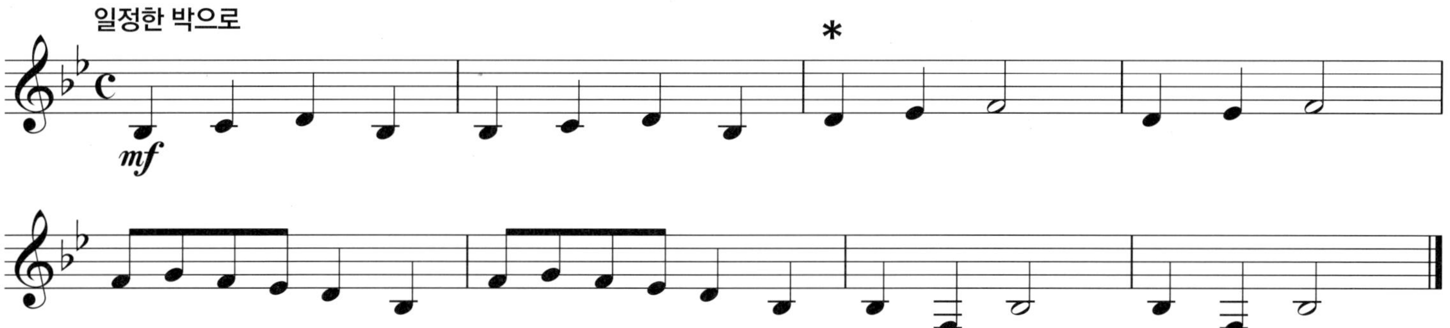

Romance No.1 (로망스 1번)

Beethoven

Can Can (캉캉)

Offenbach

이 곡은 Bb장조입니다. 레슨 8의 G장조 《캉캉》과 비교해보세요.

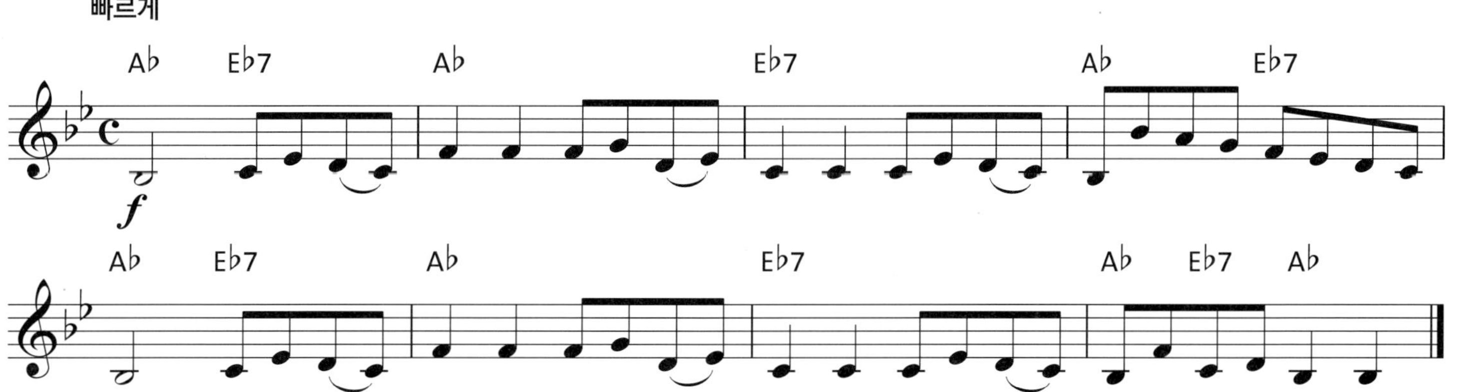

goals:

1. 레지스터 키
2. 레지스터 키를 사용하는 C, D, E, G음
3. 첫 번째 마침과 두 번째 마침
4. D.S. al Fine (달 세뇨 알 피네)

(Tip)

높은 음은 처음에는 음이 안 맞는 것처럼 들릴 수 있습니다.

안정적인 음색과 정확한 음을 내기 위해서는 정확한 입모양을 유지하는 것이 중요합니다.

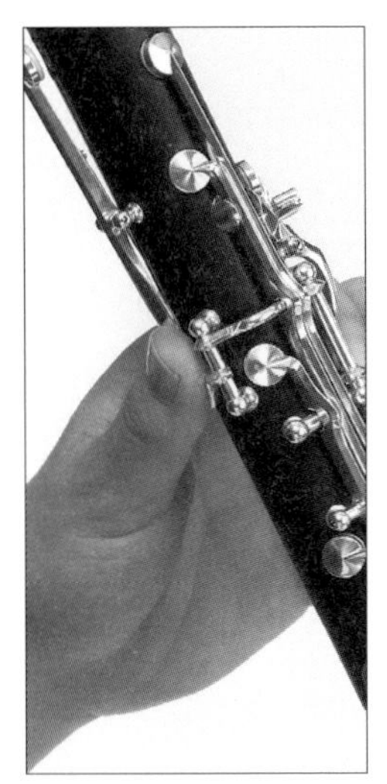

레지스터 키를 사용하는 C, D, E, G음

레슨 9에서 높은 B♭음을 연주할 때 이미 레지스터 키를 사용했습니다. 레지스터 키는 원래 높은 음들을 연주할 때 사용하는 것입니다. 레지스터 키를 사용하면 손가락으로 잡고 있는 음보다 12도 (12개의 음) 높은 소리를 낼 수 있습니다.

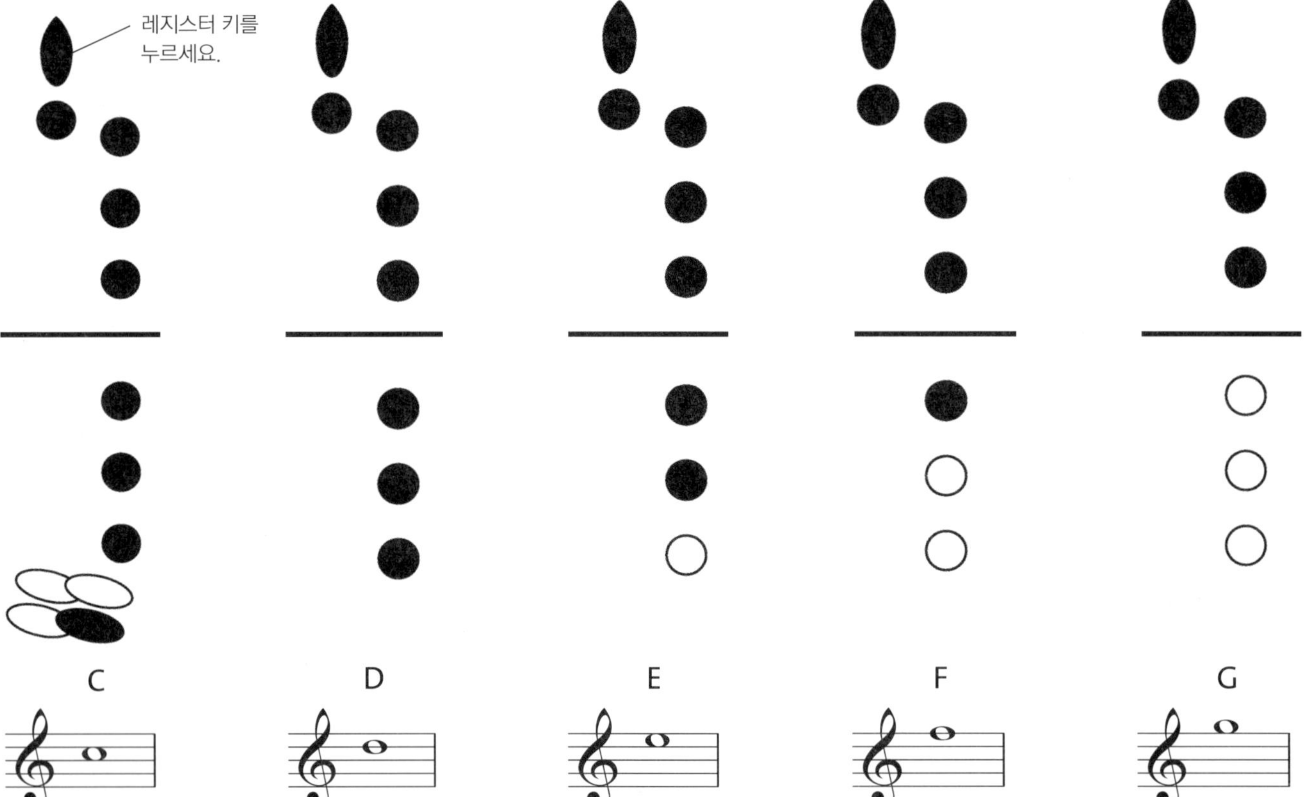

연습 1.

높은 음을 연주할 때는 왼손 엄지손가락을 위로 올려 레지스터 키를 누르세요 (엄지 구멍은 계속 누르고 있어야 합니다).

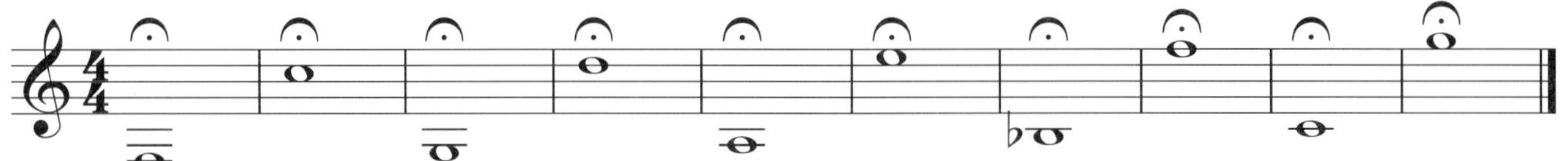

연습 2. 옥타브 * 도약

천천히 연주하며 높은 음과 낮은 음의 운지법을 익히세요.

* 도약: 바로 위나 아래의 음으로 진행하지 않고 몇 개의 음을 건너뛰는 것

연습 3.

높은 음 연습입니다.

레슨 12를 위한 연주곡

When The Saints Go Marching In (성자의 행진)

《성자의 행진》을 연주할 때 1, 2라고 적힌 것은 첫 번째 마침과 두 번째 마침이라고 부릅니다. 처음부터 첫 번째 마침까지 연주한 다음, 앞 도돌이표로 돌아가서 반복합니다. 반복할 때는 첫 번째 마침 (1번)은 생략하고 바로 두 번째 마침 (2번)으로 넘어가서 마칩니다.

Reveille (기상나팔)

군대 음악

D.S. al Fine는 𝄋 기호로 돌아가서 Fine까지 다시 연주하라는 뜻입니다.

goals:

1. 레지스터 키를 사용하는 B음
2. 부드럽게 이어 연주하기

Tip ## 레지스터 키를 사용하는 B음

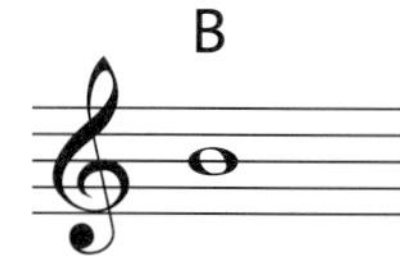

부드럽게 이어 연주하기

클라리넷을 연주할 때 가장 어려운 점은 서로 다른 음역의 음들을 부드럽게 이어서 연주하는 것입니다.
처음에는 낮은 음역을 연주하다가 레지스터 키를 사용한 높은 음역으로 올라가면 소리가 한 번에 안 날 수도 있습니다.
인내심을 갖고 꾸준히 연습하는 것이 중요합니다.

연습 1.

오른손은 키를 누르지 않더라도 키에 고정시키고 연주하세요.

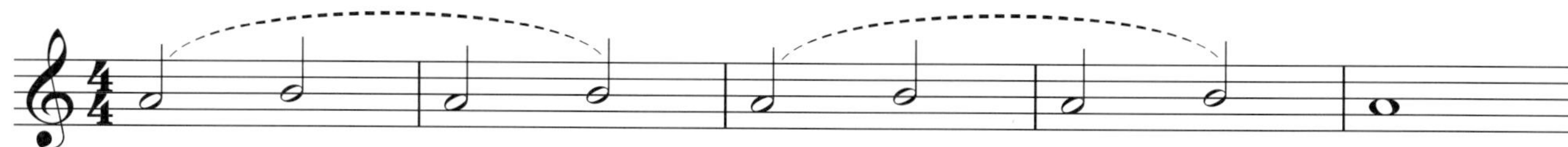

연습 2.

꾸준한 연습은 '근육 기억력 (muscle memory)'을 길러줍니다. 근육 기억력이 생기면, 어떤 음을 연주할 때 운지법에 대해 생각하지 않아도 몸에 밴 대로 저절로 손가락이 움직이게 됩니다.

오른손의 세 손가락만 사용하는 D음 외에는 모두 오른손 네 손가락을 키에 고정시키고 연주하세요.

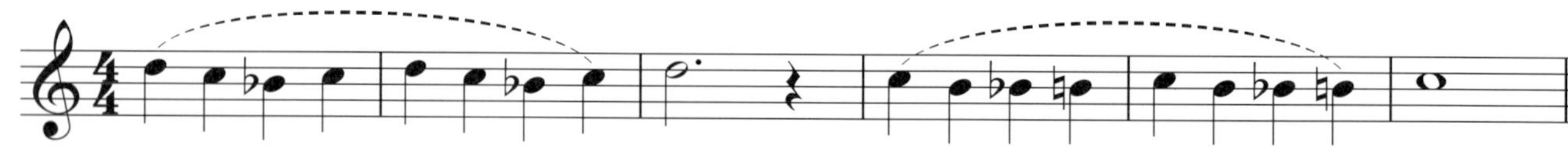

연습 3.

오른손 손가락을 모두 키에 고정시키고 연주하세요.

연습 4.

어떤 음에서 어떤 손가락을 키에 고정시킨 채로 연주할 수 있을지 생각해보세요.

연습 5. C장조와 F장조의 음계

꾸준히 연습하면 부드럽게 이어서 연주할 수 있을 것입니다.

레슨 13을 위한 연주곡

Camptown Races (캠프타운 경마) Foster

어떤 음에서 오른손 손가락을 키에 고정시킨 채로 연주할 수 있을지 생각해보세요.

Home On The Range (언덕 위의 집)

부드럽게 이어서 연주할 수 있는지 확인해보세요.

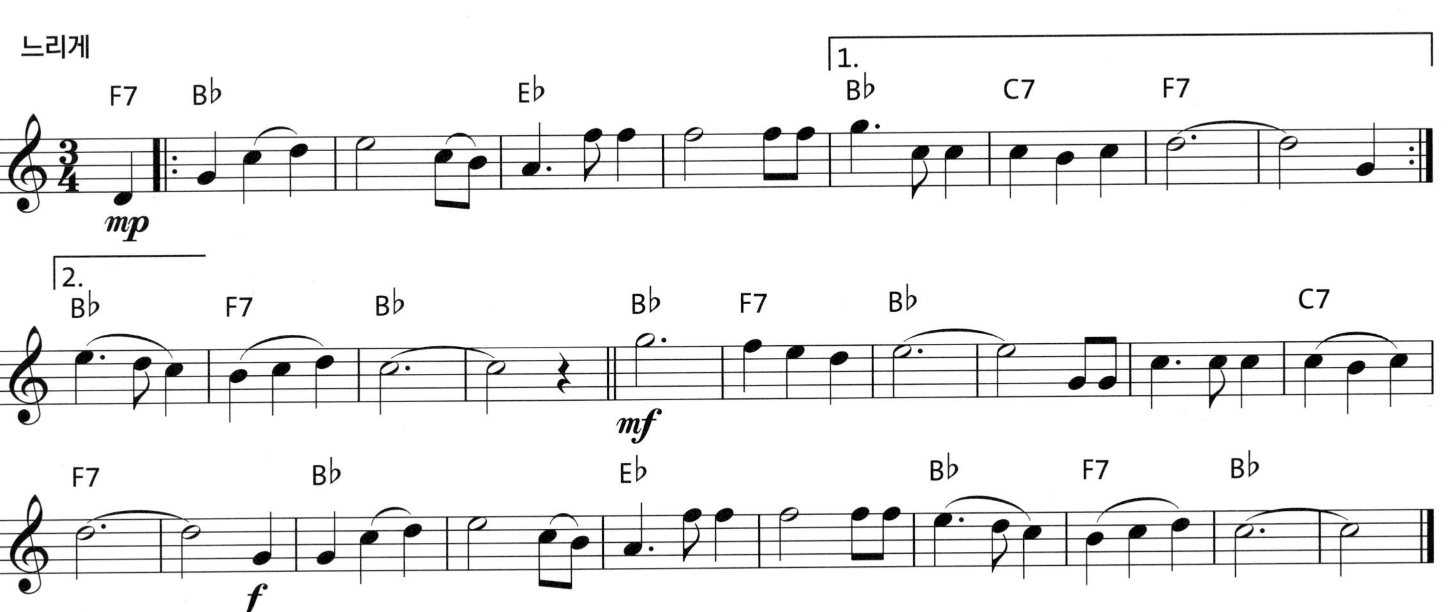

Danny Boy (대니 보이)

아일랜드 민요

선율이 매우 아름다운 곡입니다. 셈여림표와 슬러를 지키며 막힘 없이 연주할 수 있을 때까지 연습하세요.
많이 연습한 만큼 보람이 있을 것입니다.

Swing Low, Sweet Chariot (흔들리는 마차)

흑인 영가

goals:

1. C#음
2. B음의 다른 운지법
3. 단조의 조표와 음계

C#음

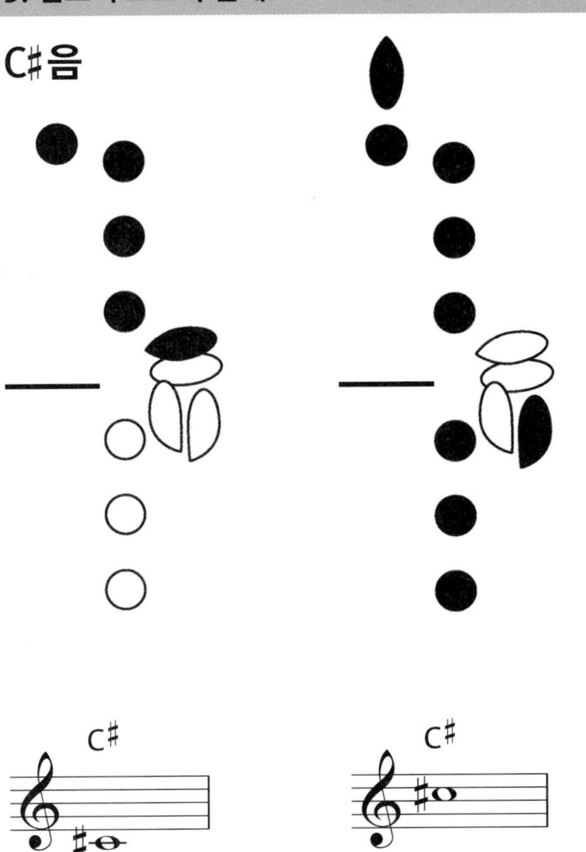

B음

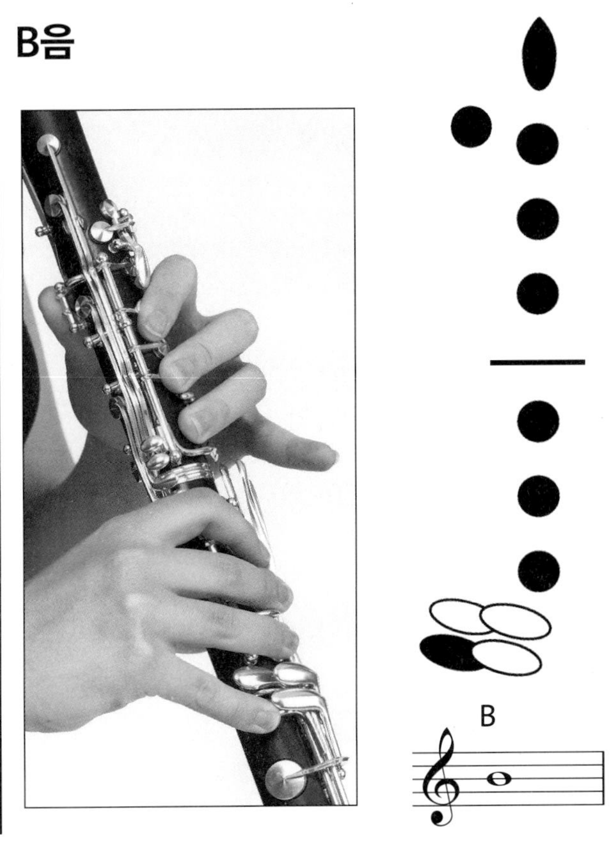

Tip

어떤 음들은 2개 이상의 운지법으로 연주할 수 있습니다.
이 운지법은 C#음 다음에 B음이 나왔을 때 편리하게 사용할 수 있습니다.
연습 3과 연습 4를 해보고, 클라리넷 운지표를 보며 다양한 운지법을 익히세요.

연습 1. 낮은 C, C#, D음

운지법에 익숙해질 수 있도록 꾸준히 연습하세요.

연습 2.

반음 진행을 위한 연습입니다. 익숙해질 때까지 많이 연습하세요.

B음의 다른 운지법

 **클라리넷 스페셜**

클라리넷에서는 2개 이상의 운지법으로 연주할 수 있는 음들이 있습니다.
연주할 때 손가락의 움직임을 더 편안하게 하기 위한 것입니다.

B음 다음에 C음을 잡는 것은 쉽습니다. 하지만 B음 다음에 C#음을 잡는 것은 어렵습니다.
위에 있는 운지법으로 B음을 잡으면 이 문제를 해결할 수 있습니다.

악보의 L은 레슨 13에서 배운 운지법을, R은 레슨14에서 배운 운지법을 사용하라는 뜻입니다.

연습 3.

악보 위의 L과 R을 잘 보며 알맞은 운지법으로 연주하세요.

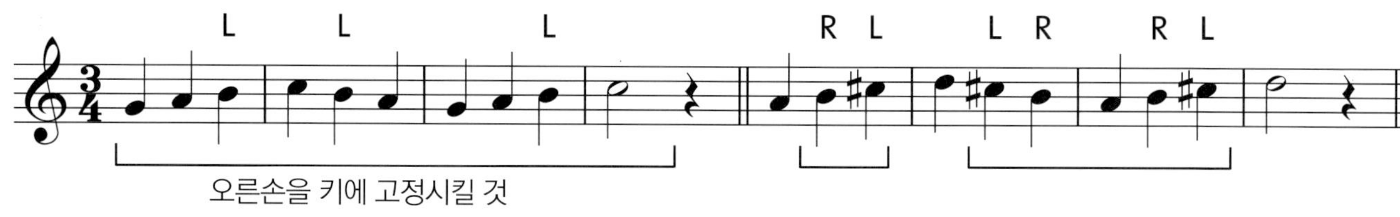

장조와 단조 (Major & minor)

Tip

일반적으로 장조는 밝고 단조는 어두운 느낌을 준다고 말합니다.

장조와 단조의 분위기가 다른 것은 장음계와 단음계의 음정 배열이 다르기 때문입니다.

지금까지 연주한 곡은 대부분 밝은 분위기의 곡이었습니다. C장조, G장조, F장조 등 장조였기 때문입니다.

하지만 작곡가가 곡에서 슬픔을 표현하고 싶을 때도 있습니다. 그런 경우 일반적으로 단조를 사용합니다.

장조의 음계 (장음계)는 3음과 4음, 7음과 8음 사이가 반음이고 단조의 음계 (단음계)는 2음과 3음, 7음과 8음 사이가 반음입니다 (화성단음계).

여러 가지 단음계가 있지만 이 교재에서는 화성단음계만 사용합니다.

연습 4. D장조 음계

여러 번 연주하면서 장조의 밝은 분위기를 느껴보세요.

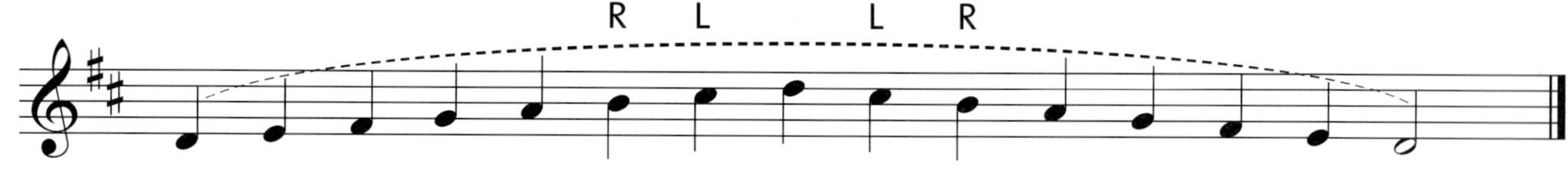

단음계에는 여러가지 종류가 있는데, 이 중에서 단음계의 7번째 음을 반음 올리는 음계를 화성단음계라고 합니다.

연습 5. D단조 화성단음계

D단조 화성단음계의 조표는 F장조와 같습니다. 하지만 F장조와 달리 연주할 때 C♯음이 계속 나옵니다 (조표로 표시하지 않고 임시표로 표기). C♯음에 주의하며 D단조 화성단음계를 연습해보세요.

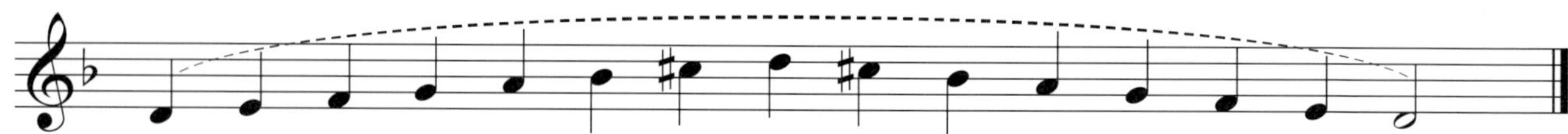

레슨 14를 위한 연주곡

74-75

Hava Nagila (하바 나길라)

이스라엘 민요

단조 (G단조)로 된 유명한 곡입니다. 처음에는 느리게 시작했다가 중간부터 빠르고 신나게 연주하세요!

레슨 14를 위한 연주곡

Go Down Moses (가라, 모세)

이 곡은 3대의 클라리넷이 선율을 나누어 연주하기 때문에 세 파트가 똑같이 중요합니다.
선율을 보조해주는 반주를 연주할 때는 셈여림표를 지켜 선율과 조화를 이루도록 하세요.

goals:

1. F#음
2. 레지스터 키를 사용하는 A음
3. 스타카토와 레가토

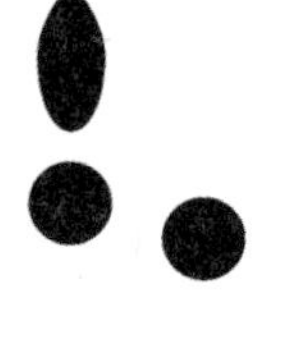

F#음

레지스터 키를 사용하는 A음

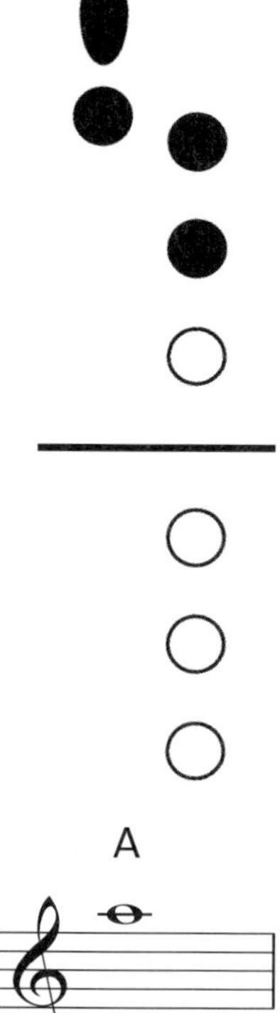

연습 1.

목구멍을 열고 횡격막으로 호흡하세요.

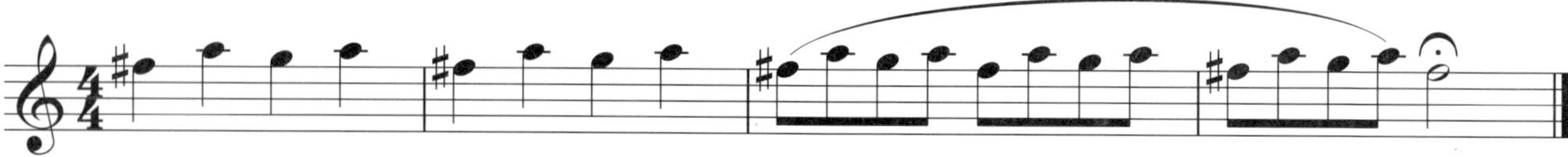

연습 2.

2옥타브를 넘나드는 A단조 * 아르페지오 (분산화음)입니다.

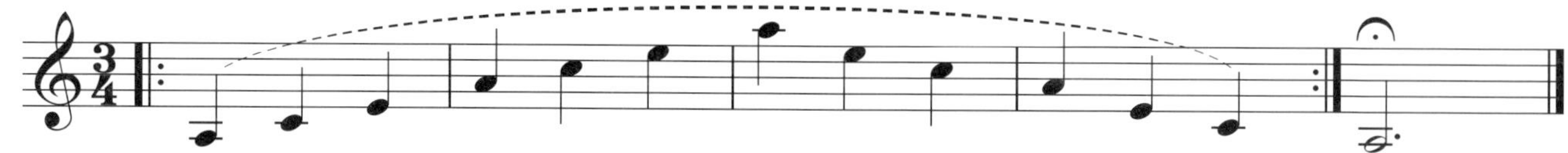

* 아르페지오: 음계의 1, 3, 5, 8번째 음을 차례로 연주하는 것

연습 3. 높은 음 낮은 음

모든 음을 따뜻한 음색으로 고르게 연주할 수 있도록 천천히 연습하세요.

스타카토와 레가토 (Staccato & Legato)

레가토는 연결하라는 뜻으로, 여러 음을 끊지 않고 슬러나 부드러운 텅잉으로 연주하는 것을 의미합니다.
스타카토는 반대로 음을 짧게 끊어 연주하라는 뜻입니다. 음표 위나 아래의 점이 스타카토 기호입니다.

연습 4.

또렷하게 스타카토 텅잉을 할 수 있도록 여러 번 연습하세요.

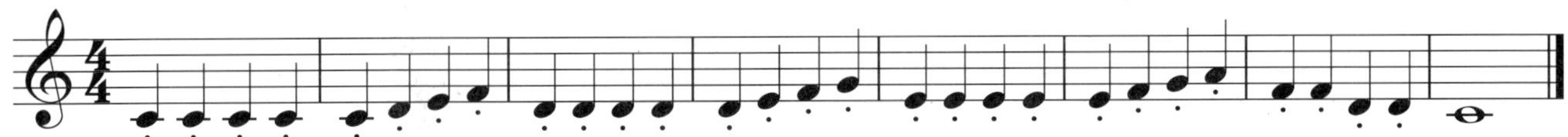

연습 5.

처음에 느리게 연주해야 8분음표가 너무 빨라지지 않습니다.

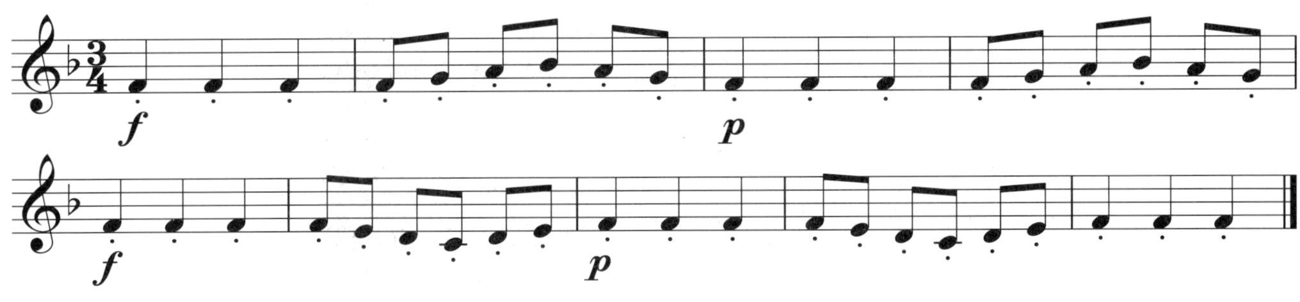

연습 6. 스타카토와 레가토

클라리넷 스페셜

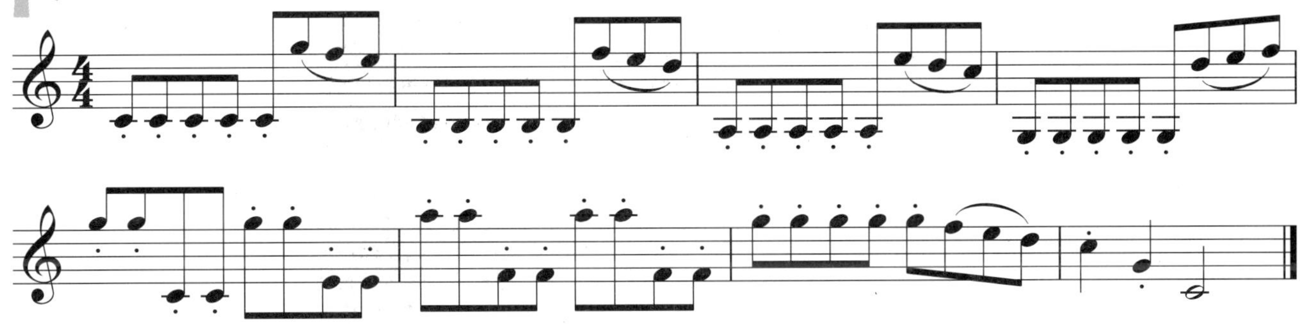

레슨 15를 위한 연주곡

The Blue Danube Waltz (푸른 다뉴브강)

Johann Strauss II

76-77

78-79 *Oh! Susannah* (오! 수재너) — Foster

80-81 *Song Of The Volga Boatmen* (볼가강의 뱃노래) — 러시아 민요

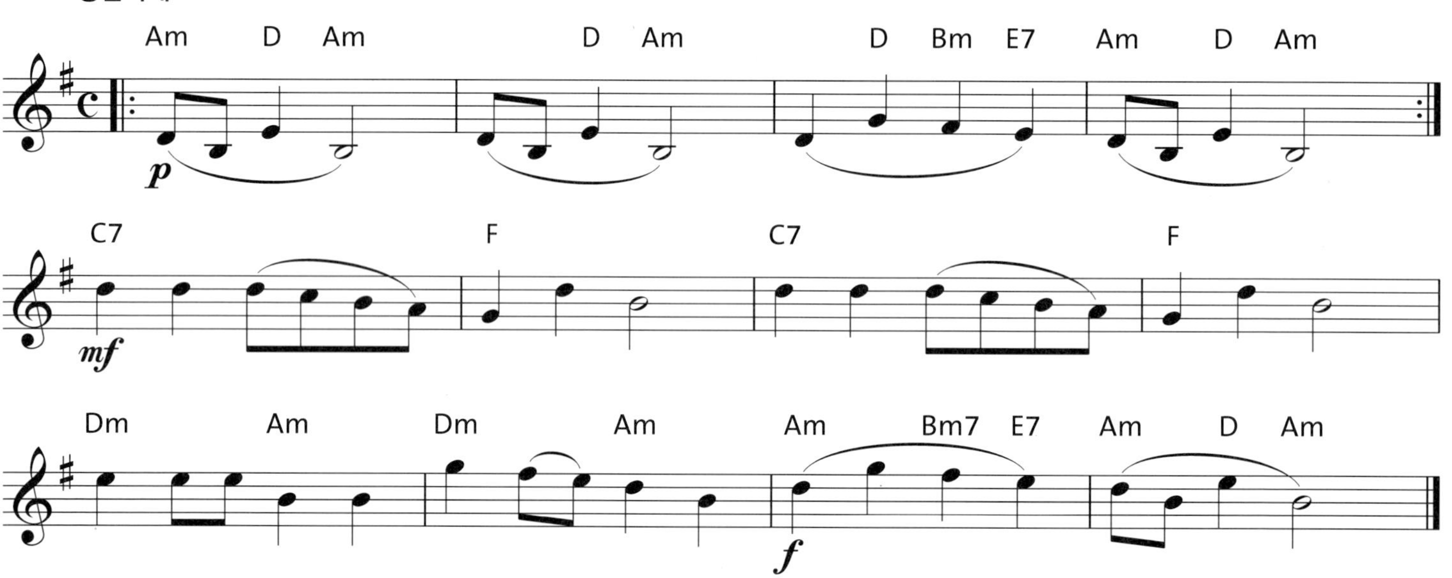

82-83 *Mango Walk* (망고 워크) — 자메이카 민요

test:
Lesson 11 ~ 15

1. 조표

알맞은 조표를 그려보세요.

G장조　　　　F장조　　　　D단조　　　　D장조　　　　C장조

(5)

2. 점음표

점음표를 사용하여 왼쪽의 악보를 단순하게 바꿔보세요.

(5)

3. 음표와 음이름

다음 음들을 4분음표로 그려보세요.

C♯　　　낮은 **F**　　　가장 높은 **G**　　　E♭　　　**B**　　　높은 **A**

(6)

4. 주법

다음은 무슨 뜻인가요?

legato (레가토) ___________________________

staccato (스타카토) ___________________________

(4)

5. 기호

화살표가 가리키는 것의 이름을 쓰세요.

(5)

Total (25)

goals:

1. 레지스터 키를 사용하는 A♭음과 E♭음
2. 이명동음 (딴이름 한소리)

Tip

옥타브 거리의 두 A♭음을 비교하며 두 음의 음색이 최대한 비슷하게 들리도록 연주해보세요. 모든 음을 같은 악기로 연주하고 있다는 것이 귀로 느껴져야 합니다.

레지스터 키를 사용하는 A♭음과 E♭음

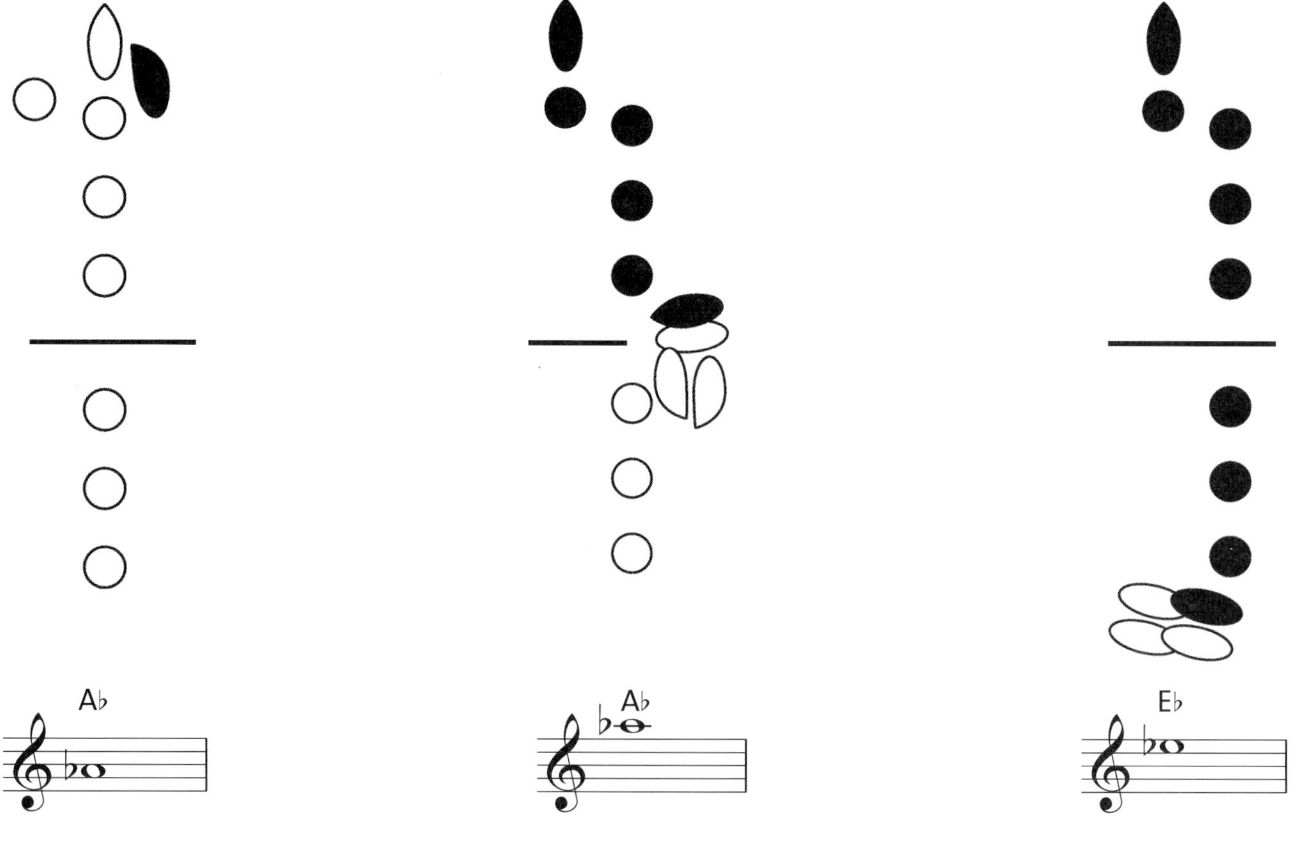

연습 1.

음을 최대한 길게 연주하세요.

이명동음 (딴이름 한소리)

앞에서 배웠듯 A♭음은 A보다 반음 낮고 G보다 반음 높습니다. 그래서 A♭은 G♯음이라고도 부를 수 있습니다. 이렇게 이름은 다르지만 사실은 같은 두 음을 이명동음이라고 합니다.

연습 2.

같은 음이 위의 선율에서는 G♯음으로, 아래 선율에서는 A♭음으로 나와 있습니다. 잘 보고 연주해보세요.

레슨 16을 위한 연주곡

The Entertainer (엔터테이너)

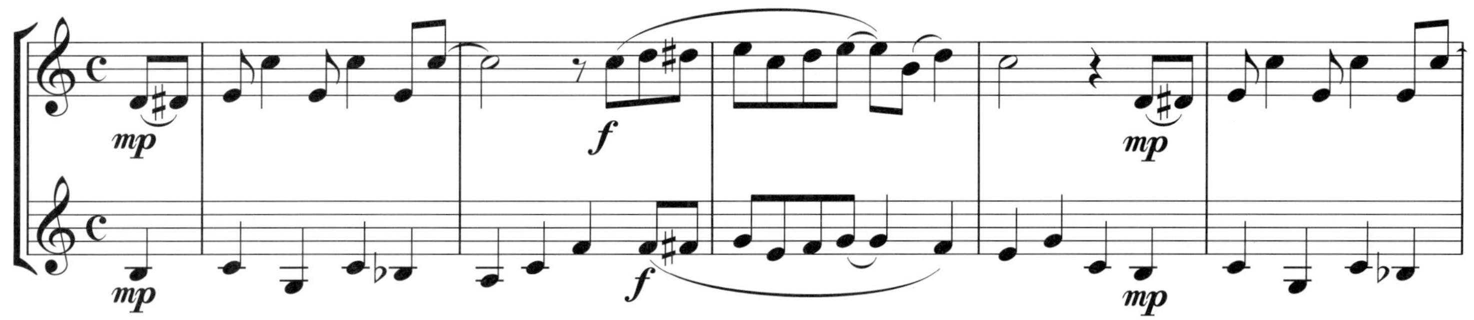

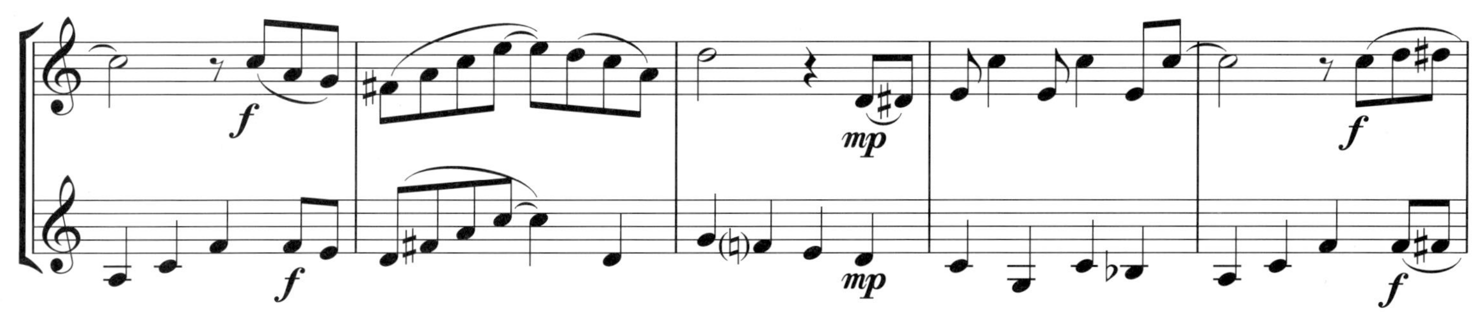

Enharmonic Blues (이명동음 블루스)

goals:

1. 크레셴도와 디미누엔도 (⟨ , ⟩)
2. 여러 가지 빠르기말

Tip

셈여림표와 빠르기말을 알면 음악을 연주할 때 어떻게 표현해야 하는지 힌트를 얻을 수 있습니다.

앞서 연주했던 곡들에서는 셈여림이 갑작스럽게 바뀌었습니다 (p 에서 갑자기 f 로). 하지만 p 에서 f 로 서서히 변하는 셈여림도 있습니다. 이런 셈여림은 또 다른 효과를 줍니다.

Crescendo (크레셴도) – 점점 세게

Diminuendo (디미누엔도) – 점점 여리게

다음은 자주 사용되는 빠르기말입니다.

Allegro (알레그로) – 빠르게

Adagio (아다지오) – 느리게

Accelerando 또는 accel. (아첼레란도) – 점점 빠르게

Andante (안단테) – 걷는 속도로

Rallentando 또는 rall. (랄렌탄도) – 점점 느리게

레슨 17을 위한 연주곡

87 *La Forza del Destino* (운명의 힘)

Verdi

Hail The Conquering Hero (보아라, 용사!) 《개선의 합창》에서 — Handel

William Tell Overture (윌리엄 텔 서곡) — Rossini

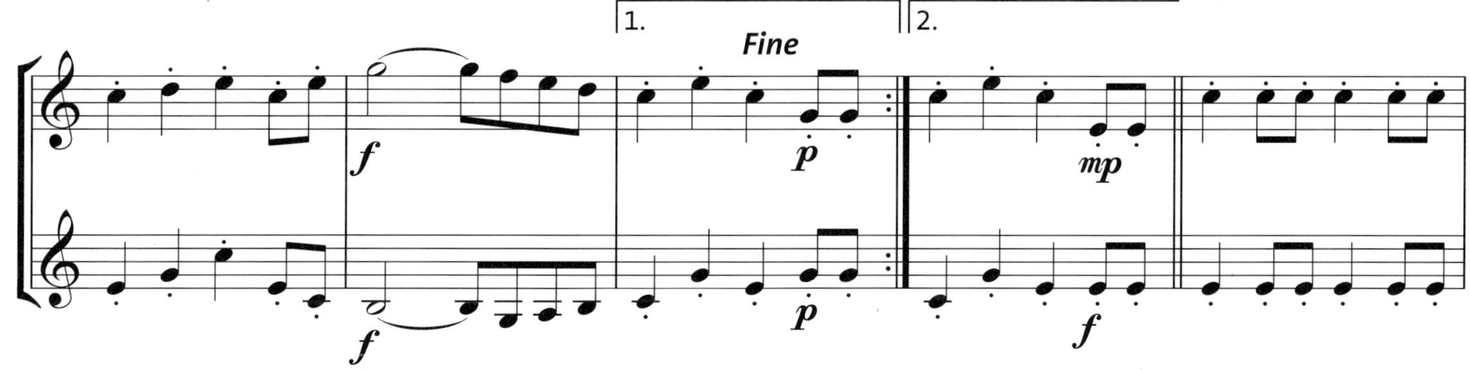

goals:

1. 스윙 8분음표
2. 재즈 곡 연주하기

Tip

탄력 있게 반동을 주어 연주하세요. 한 박을 셋으로 나누어 2/3 는 앞의 8분음표로, 나머지 1/3은 두 번째 8분음표로 연주한다고 생각하면 쉽습니다.

스윙 (Swing)

클래식 음악에서는 8분음표를 악보 그대로 4분음표의 절반 길이로 연주합니다.
그러나 재즈에서는 두 개의 8분음표를 불균등하게, 첫 음을 두 번째 음보다 더 길게 연주합니다.
이렇게 연주하는 것을 스윙 리듬이라고 합니다.

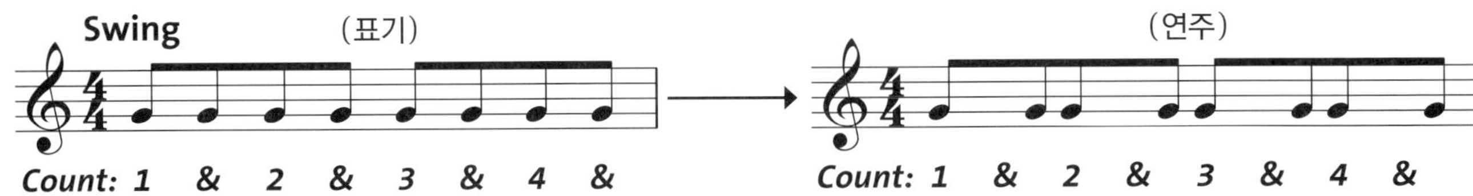

연습 1.

A단조 음계를 스윙 리듬으로 연주해보세요. 한 번은 텅잉을 하면서, 다음에는 악보에 적힌 슬러를 살려 연주해보세요.

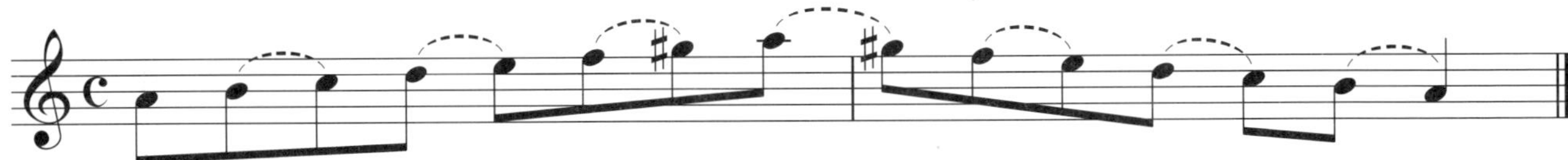

레슨 18을 위한 연주곡

90-91

Little Brown Jug (작은 갈색 병)

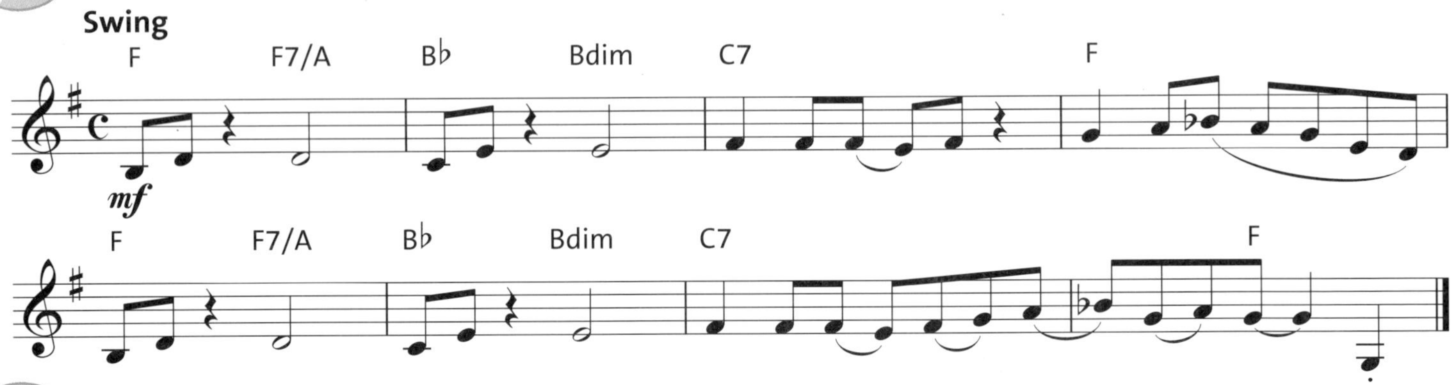

92-93

Joshua Jazz (조슈아 재즈)

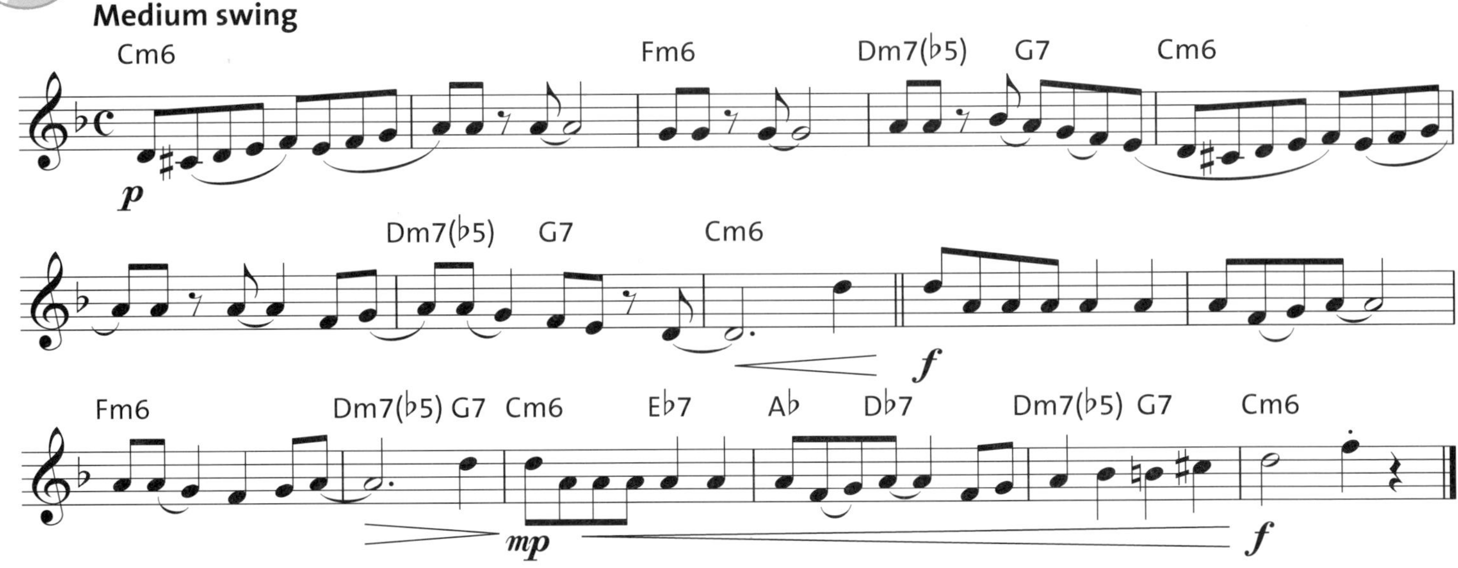

Maryland, My Maryland (메릴랜드, 나의 메릴랜드)

보통 빠르기로 스윙

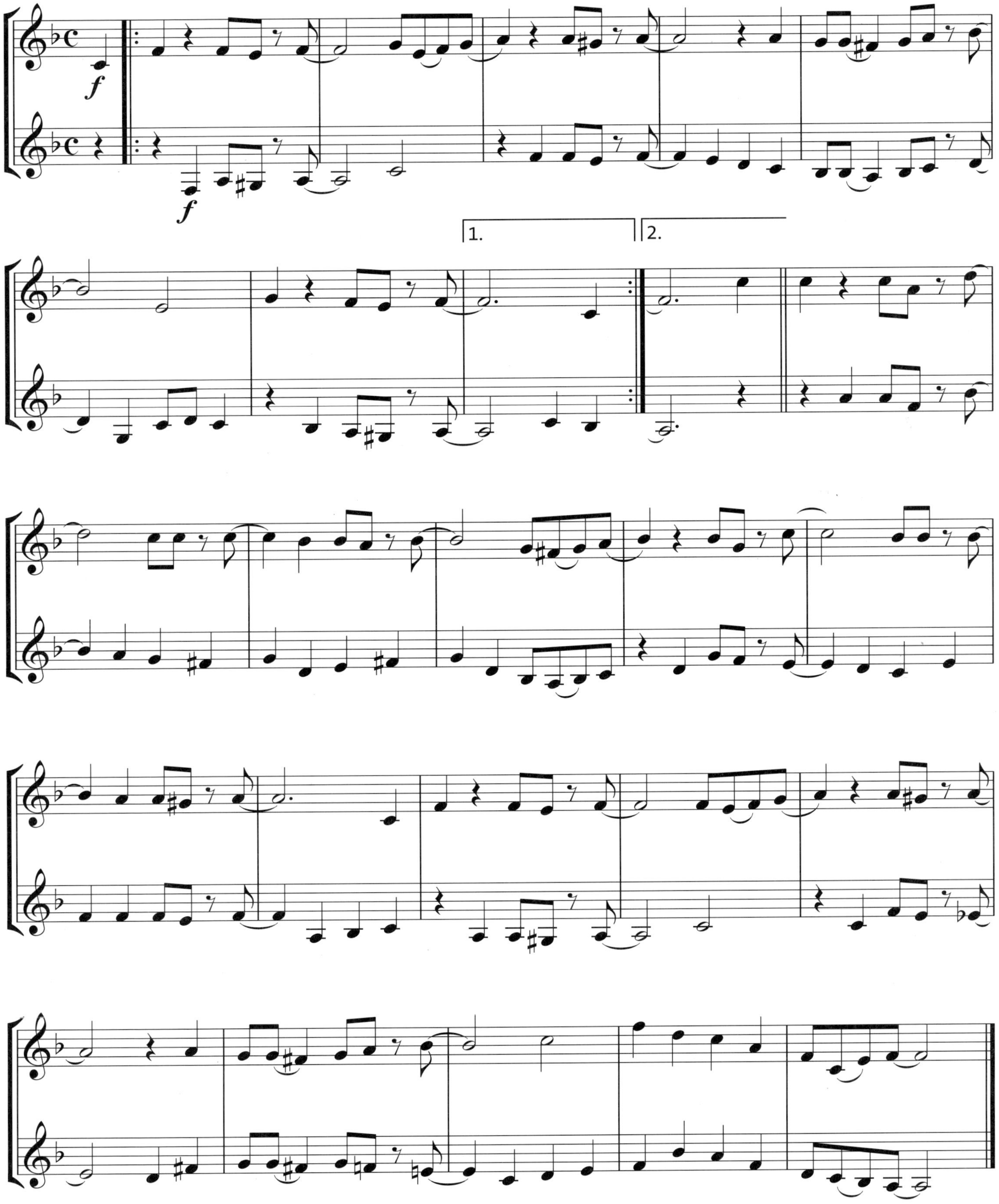

Lesson 19 goals:

1. 음계 연습을 통한 테크닉 강화
2. 합주

* 음계 연습

음계를 매일 연습하면

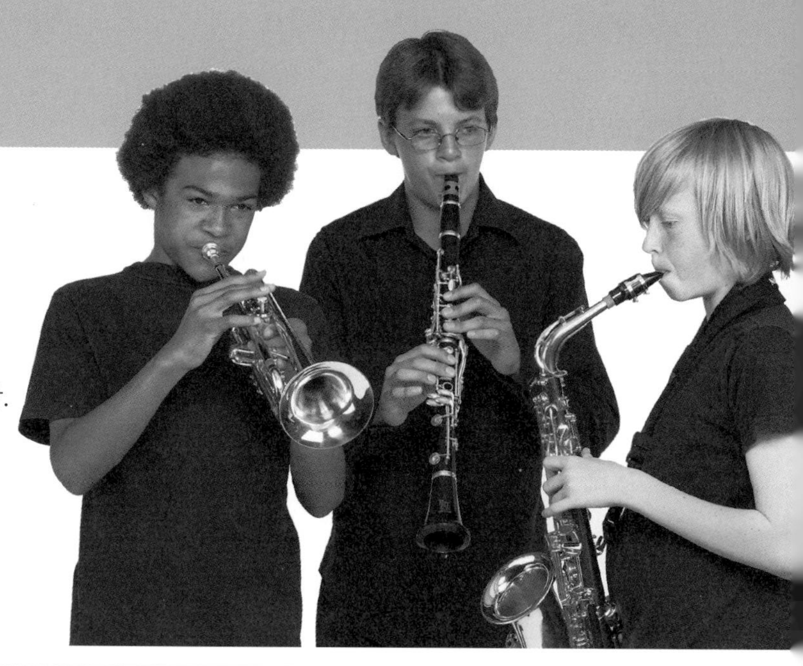

- 다양한 조에서 자유자재로 손가락을 사용할 수 있는 훈련이 됩니다.
- 모든 음을 일정한 길이로 연주할 수 있게 됩니다.
- 음역에 관계없이 고른 소리로 연주할 수 있게 됩니다.
- 호흡을 잘 조절할 수 있게 됩니다.
- 여러 음의 관계를 더 잘 느낄 수 있게 됩니다.

다음은 초보자를 위한 음계와 아르페지오입니다.
텅잉을 하면서 연습하고 슬러로도 연습하세요.

F장조

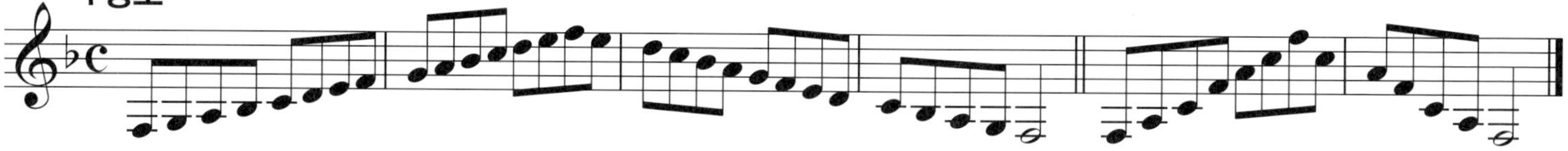

G장조

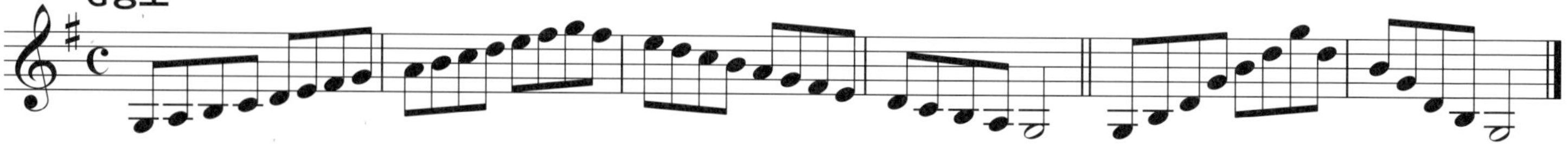

C장조

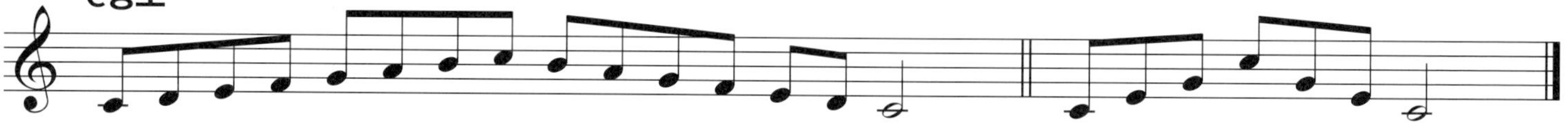

D단조

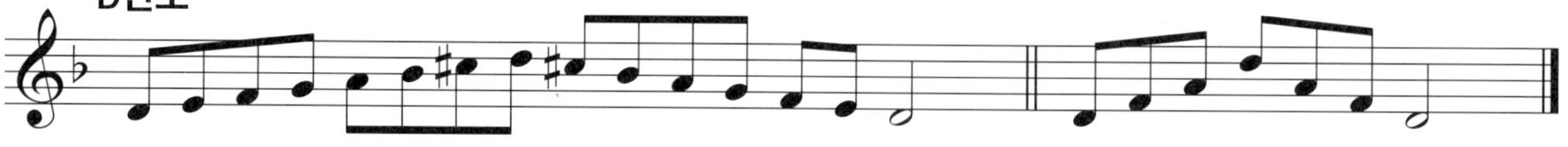

A단조

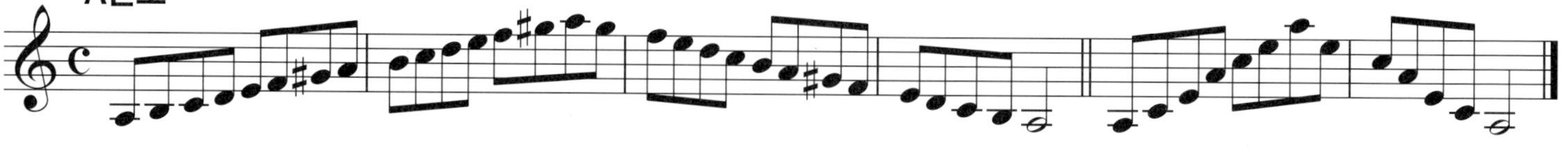

* 《어드벤쳐 악기 시리즈》 스케일 & 아르페지오 교재를 함께 연습하면 좋습니다.

레슨 19를 위한 연주곡

Gypsy Rover (방랑하는 집시)

레슨 19를 위한 연주곡

Down By The Riverside (강가에 앉아)

활기차게 스윙

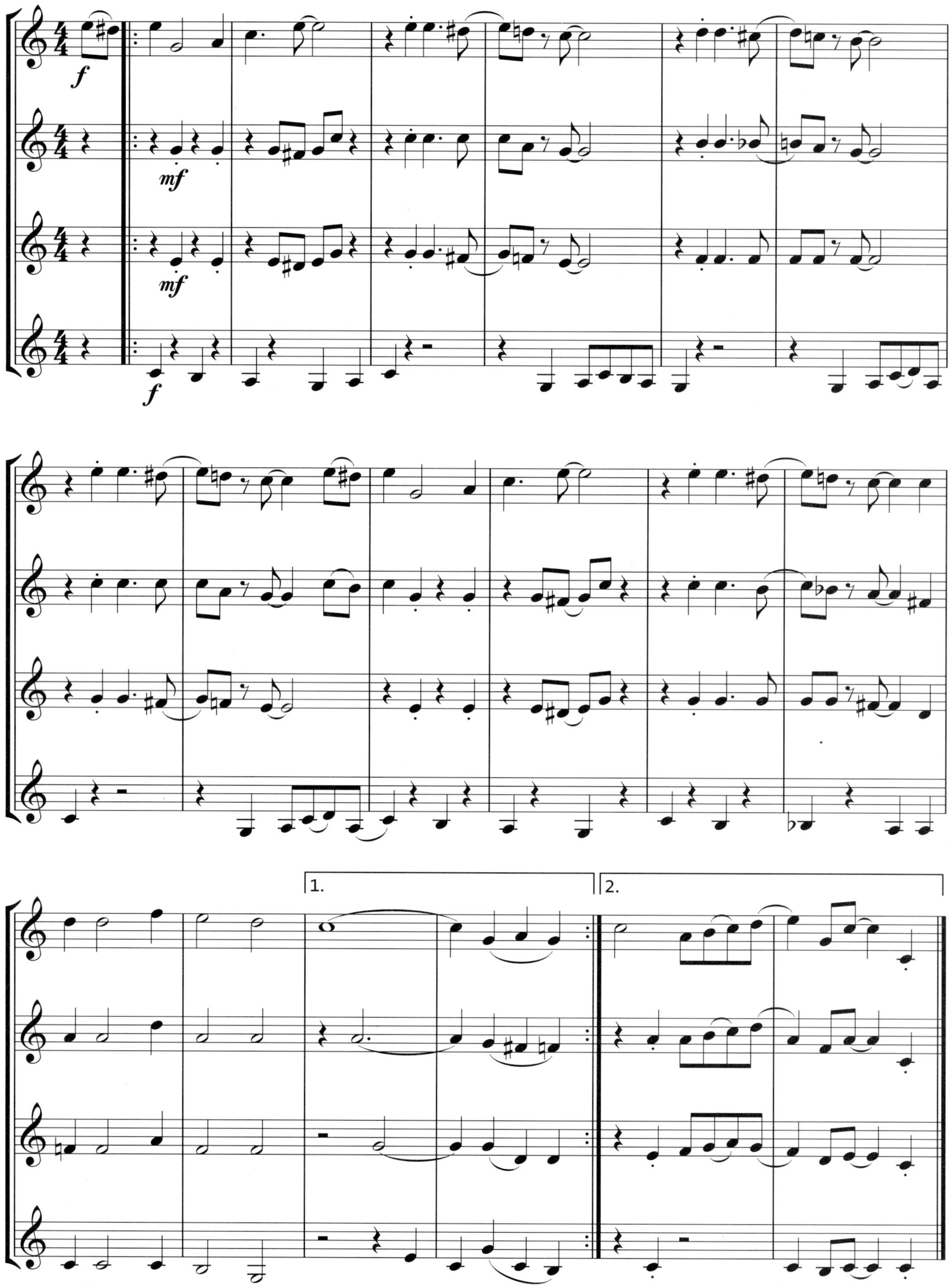

goals:

1. $\frac{6}{8}$ 박자 (겹박자 또는 복합박자)
2. $\frac{6}{8}$ 박자 노래들

홑박자와 겹박자 (복합박자)

$\frac{2}{4}$, $\frac{3}{4}$, $\frac{4}{4}$ 박자는 홑박자입니다.

위의 숫자는 한 마디에 들어가는 박의 수를 알려주고, 아래의 숫자는 4분음표 하나가 1박이라는 것을 보여줍니다.

이것은 1박을 2개의 8분음표로 나눌 수 있다는 뜻이기도 합니다.

연습 1. 홑박자 세기

그러나 겹박자에서는 1박이 3개의 8분음표와 같습니다.

점4분음표가 1박이라는 뜻입니다.

연습 2. 겹박자 세기

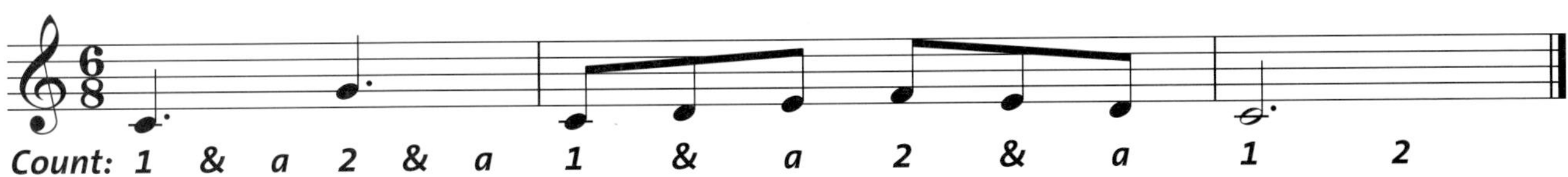

연습 3.

잘 알려진 $\frac{6}{8}$ 박자 곡입니다. 한 마디를 세게 2박으로 나누어 세며 연습해보세요.

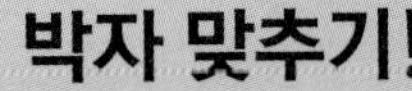

> **Tip**
>
> $\frac{6}{8}$ 박자 곡 중에는 활기찬 곡이 많습니다. 영화 「오즈의 마법사」에 나오는 《We're Off To See The Wizard》 역시 $\frac{6}{8}$ 박자입니다. 8분음표 6개를 하나하나 세는 것보다는 셋씩, 두 묶음으로 세는 것이 훨씬 쉽습니다.

박자 맞추기!

일정한 박을 유지하세요.

* 메트로놈을 사용하면 도움이 됩니다.

발을 구르며 박자를 세는 사람들도 있지만, 이렇게 박자를 맞출수 있을 때까지는 많은 연습이 필요합니다.

* 메트로놈 : 일정한 속도로 박을 맞추는 기계

레슨 20을 위한 연주곡

95

When Johnny Comes Marching Home (조니가 행진하며 집으로 돌아올 때)

외국 민요

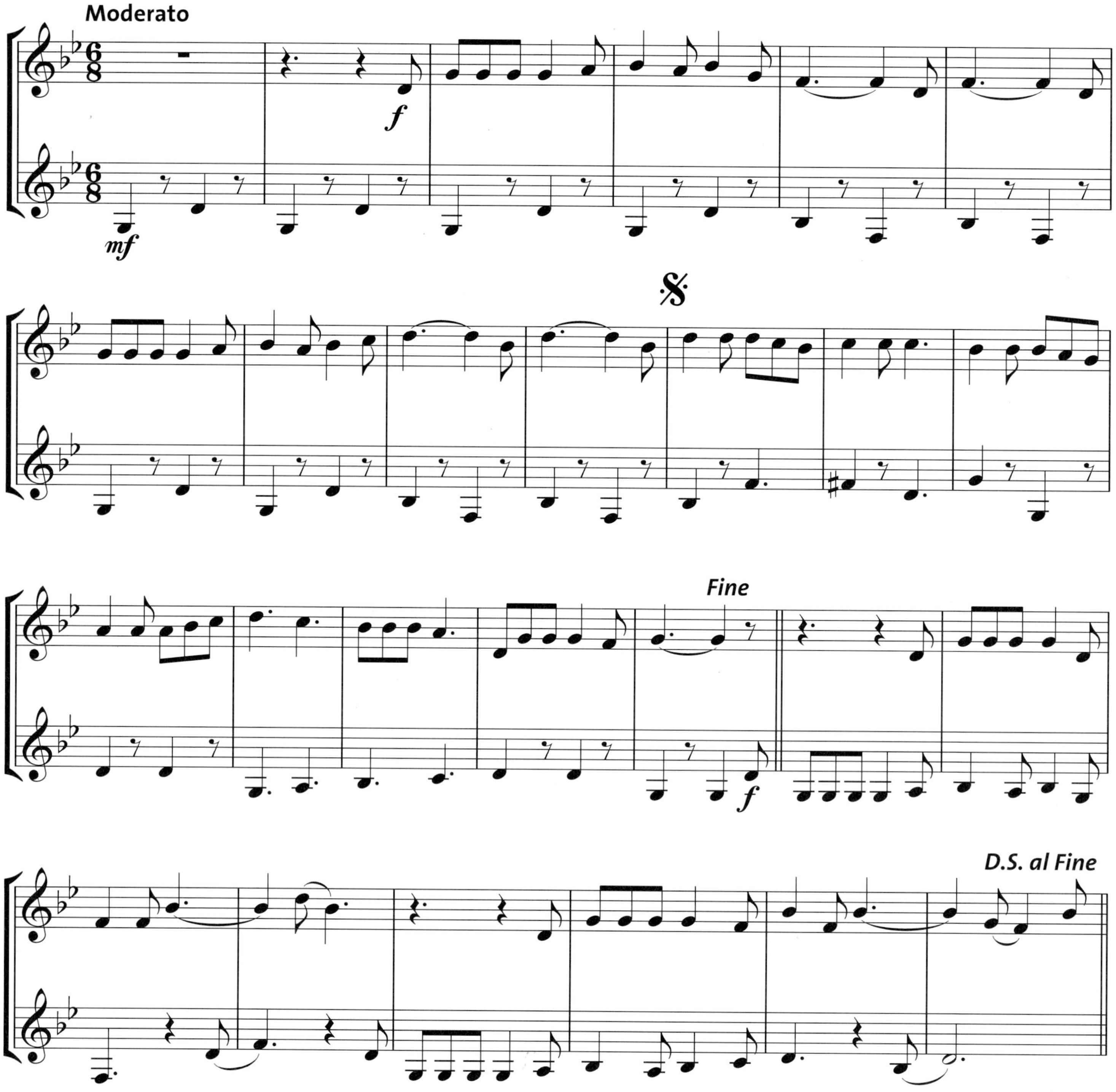

96-97

For He's A Jolly Good Fellow (사랑스런 친구를 위하여)

외국 민요

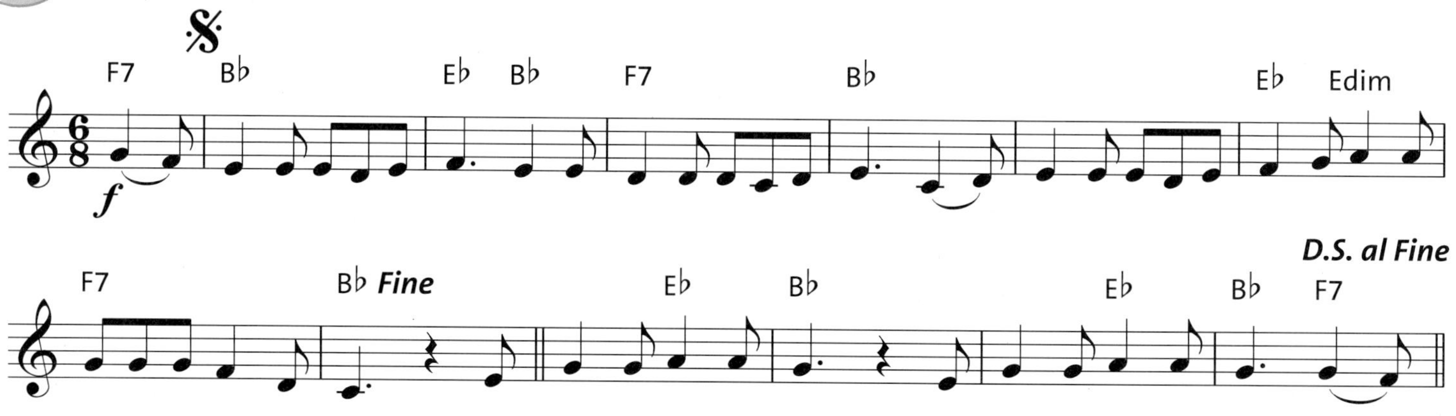

test:
Lesson 16 ~ 20

1. 이명동음

이명동음을 그려보세요.

(5)

2. 옥타브

아래 선율을 한 옥타브 올려 그려보세요.

(6)

3. 호흡 조절

호흡을 조절하고 안정적인 소리를 유지하며 아래 음을 연주해보세요.
3초가 지날 때마다 1점씩 받을 수 있습니다. 5점이 될 때까지 불어보세요.

(5)

4. 음악용어

다음의 뜻에 해당하는 이탈리아어를 적어보세요.

점점 세게 _______________   점점 여리게 _______________

점점 빠르게 _______________   점점 느리게 _______________

(4)

5. 음계

악보를 보지 않고 아래 음계를 연주해보세요.

D단조 음계

C장조 아르페지오

F장조 음계

G장조 아르페지오

A단조 음계

(5)

Total (25)

CD track

1	튜닝 트랙	**35**	Steal Away *(반주)*	**73**	Swing Low, Sweet Chariot
2	클라리넷 연주의 예	**36**	The Unfinished Symphony *(연주)*	**74**	Hava Nagila *(연주)*
3	Valley Song	**37**	The Unfinished Symphony *(반주)*	**75**	Hava Nagila *(반주)*
4	Going Cuckoo	**38**	Nkosi Sikelel'	**76**	The Blue Danube *(연주)*
5	Au Clair de la Lune *(연주)*	**39**	Magnetic Forks	**77**	The Blue Danube *(반주)*
6	Au Clair de la Lune *(반주)*	**40**	O Come All Ye Faithful *(연주)*	**78**	Oh! Susannah *(연주)*
7	Back To Bed *(연주)*	**41**	O Come All Ye Faithful *(반주)*	**79**	Oh! Susannah *(반주)*
8	Back To Bed *(반주)*	**42**	Skye Boat Song *(연주)*	**80**	Song Of The Volga Boatmen *(연주)*
9	Grumpy Graham	**43**	Skye Boat Song *(반주)*	**81**	Song Of The Volga Boatmen *(반주)*
10	Medieval Dance	**44**	Scarborough Fair	**82**	Mango Walk *(연주)*
11	Barcarolle	**45**	Yankee Doodle *(연주)*	**83**	Mango Walk *(반주)*
12	Jingle Bells *(연주)*	**46**	Yankee Doodle *(반주)*	**84**	The Entertainer
13	Jingle Bells *(반주)*	**47**	Can Can *(연주)*	**85**	Enharmonic Blues *(연주)*
14	Largo from New World Symphony *(연주)*	**48**	Can Can *(반주)*	**86**	Enharmonic Blues *(반주)*
15	Largo from New World Symphony *(반주)*	**49**	Nessun Dorma *(연주)*	**87**	La Forza del Destino
16	Lightly Row	**50**	Nessun Dorma *(반주)*	**88**	Hail The Conquering Hero
17	Knight Time *(연주)*	**51**	Der Vogelfanger bin ich ja *(연주)*	**89**	William Tell Overture
18	Knight Time *(반주)*	**52**	Der Vogelfanger bin ich ja *(반주)*	**90**	Little Brown Jug *(연주)*
19	When The Saints Go Marching In *(연주)*	**53**	Swing Low, Sweet Chariot *(연주)*	**91**	Little Brown Jug *(반주)*
20	When The Saints Go Marching In *(반주)*	**54**	Swing Low, Sweet Chariot *(반주)*	**92**	Joshua Jazz *(연주)*
21	Joshua Fought The Battle Of Jericho *(연주)*	**55**	Auld Lang Syne *(연주)*	**93**	Joshua Jazz *(반주)*
22	Joshua Fought The Battle Of Jericho *(반주)*	**56**	Auld Lang Syne *(반주)*	**94**	Maryland, My Maryland
23	Coventry Carol *(연주)*	**57**	Allegro from Spring	**95**	When Johnny Comes Marching Home
24	Coventry Carol *(반주)*	**58**	Silent Night *(연주)*	**96**	For He's A Jolly Good Fellow *(연주)*
25	Jingle Bells *(연주)*	**59**	Silent Night *(반주)*	**97**	For He's A Jolly Good Fellow *(반주)*
26	Jingle Bells *(반주)*	**60**	Dixie *(연주)*		
27	Abide With Me	**61**	Dixie *(반주)*		
28	Juggling *(연주)*	**62**	Ode To Jay		
29	Juggling *(반주)*	**63**	Romance No.1 *(연주)*		
30	In Paris *(연주)*	**64**	Romance No.1 *(반주)*		
31	In Paris *(반주)*	**65**	Can Can *(연주)*		
32	When The Saints Go Marching In *(연주)*	**66**	Can Can *(반주)*		
33	When The Saints Go Marching In *(반주)*	**67**	When The Saints Go Marching In		
34	Steal Away *(연주)*	**68**	Camptown Races		
		69	Home On The Range *(연주)*		
		70	Home On The Range *(반주)*		
		71	Danny Boy *(연주)*		
		72	Danny Boy *(반주)*		

부록 CD

트랙 1은 튜닝 트랙이고 A음 (클라리넷의 B음)을 들려줍니다. 트랙 2는 클라리넷 연주의 예를 들려줍니다. 트랙 3부터는 책에 배치된 순서대로 악곡이 수록되어 있습니다.

그림 위에 적힌 숫자가 트랙 번호입니다.

발행인 이병직
발행처 도서출판 뮤직트리

초판 1쇄 발행 2011년 6월 30일

출판신고 2003년 7월 11일 제 406 - 2003 - 00006호 121 - 840 서울시 마포구 서교동 395 - 179 미르B/D 3F TEL. 02)325 - 2592 FAX. 02) 334 - 4704

번　역 윤인영
감　수 오광호
편　집 강효정 · 박수연 · 윤인영 · 김지니
디자인 책임 이현정
디자인 진행 페이지 엠 (www.page - m.com)

ISBN 978 - 89 - 6296 - 153 - 9
　　　978 - 89 - 6296 - 148 - 5 (set)

정가 10,000원

www.adventure.co.kr

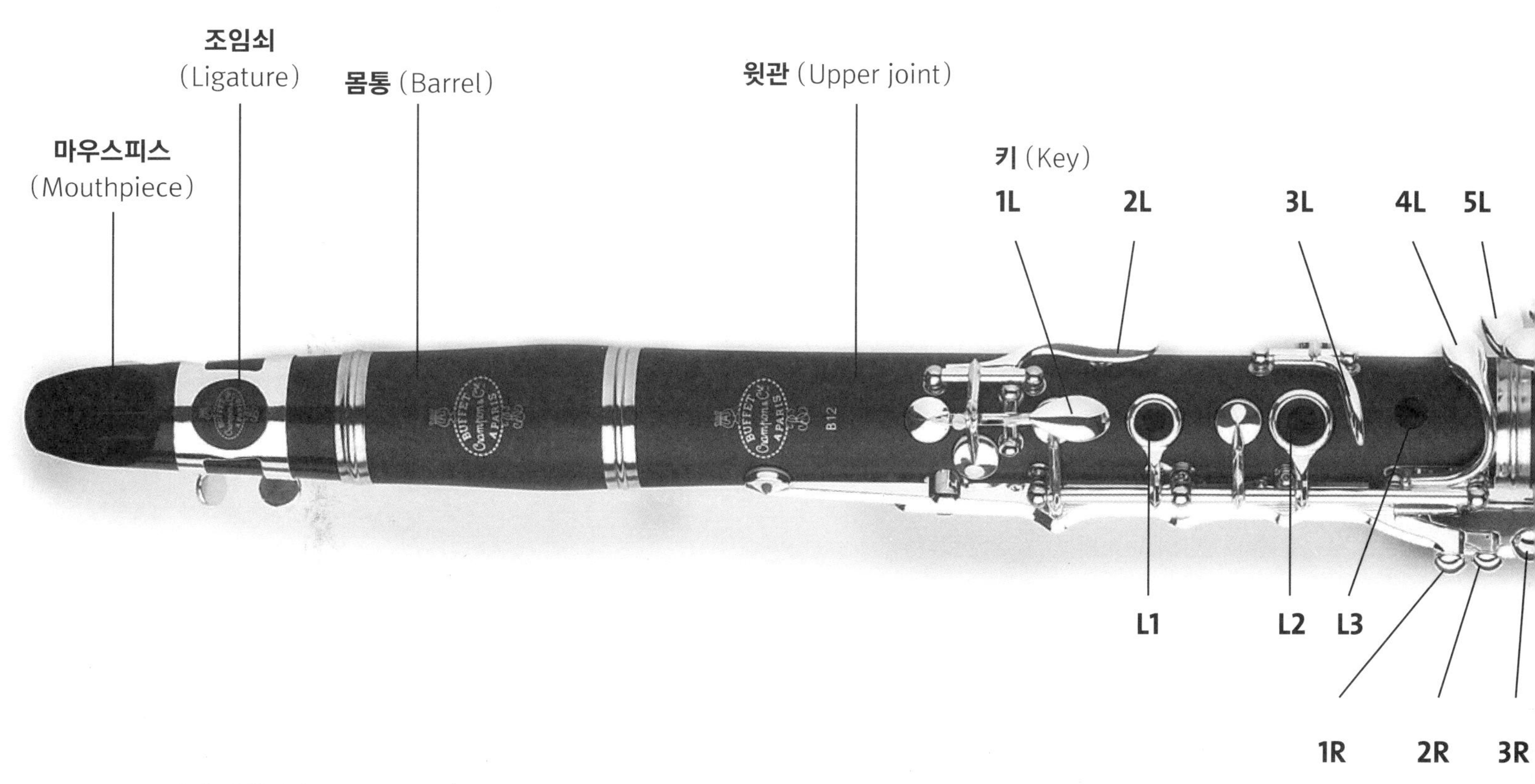

조임쇠 (Ligature)
몸통 (Barrel)
윗관 (Upper joint)
마우스피스 (Mouthpiece)
키 (Key)
1L
2L
3L
4L
5L
L1
L2
L3
1R
2R
3R

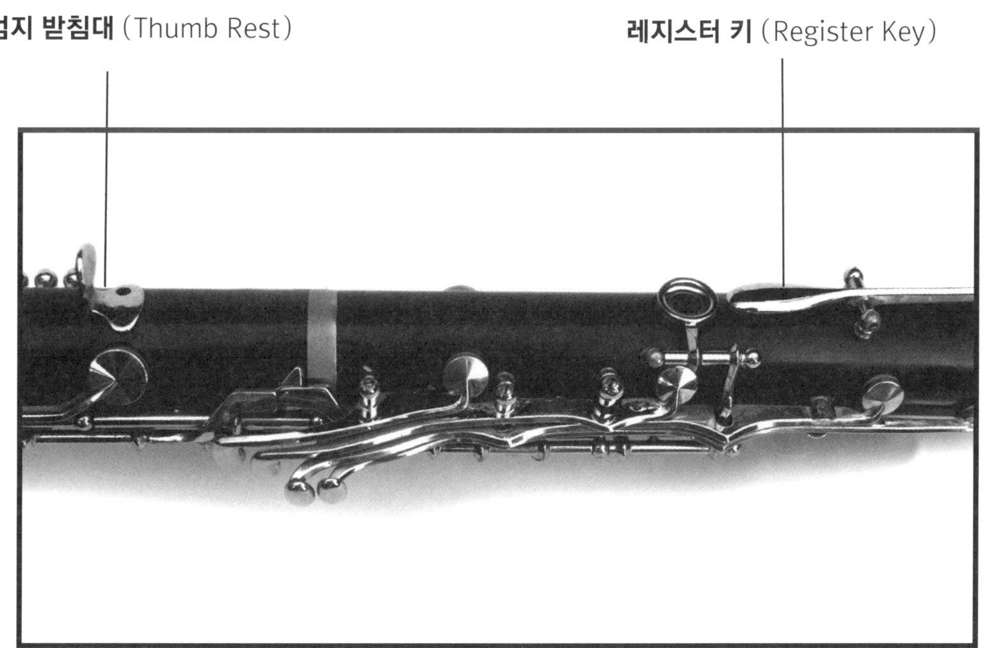

엄지 받침대 (Thumb Rest)
레지스터 키 (Register Key)

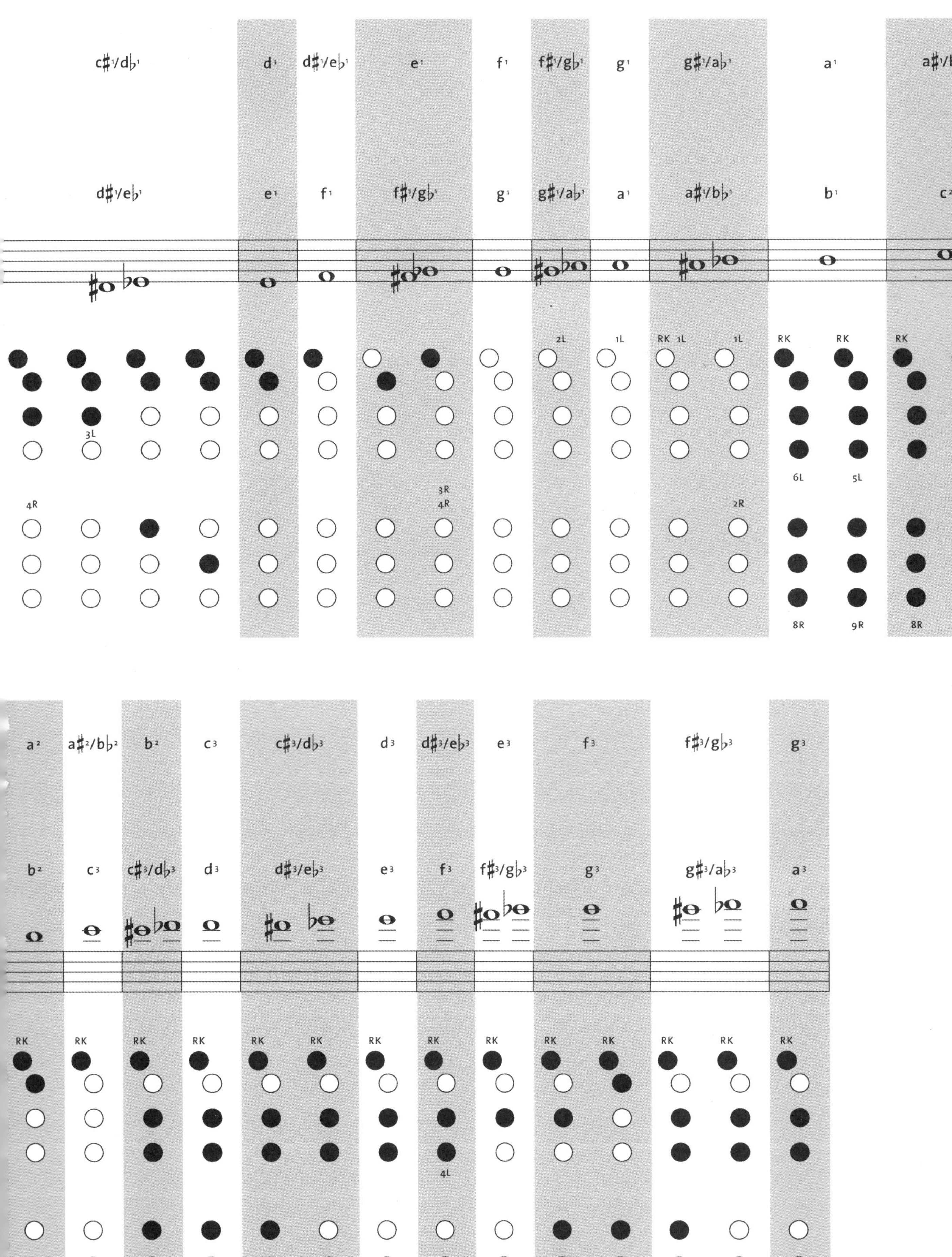

* B♭ 클라리넷은 악보상 C음을 연주하면 실제로는 B♭음이 납니다.

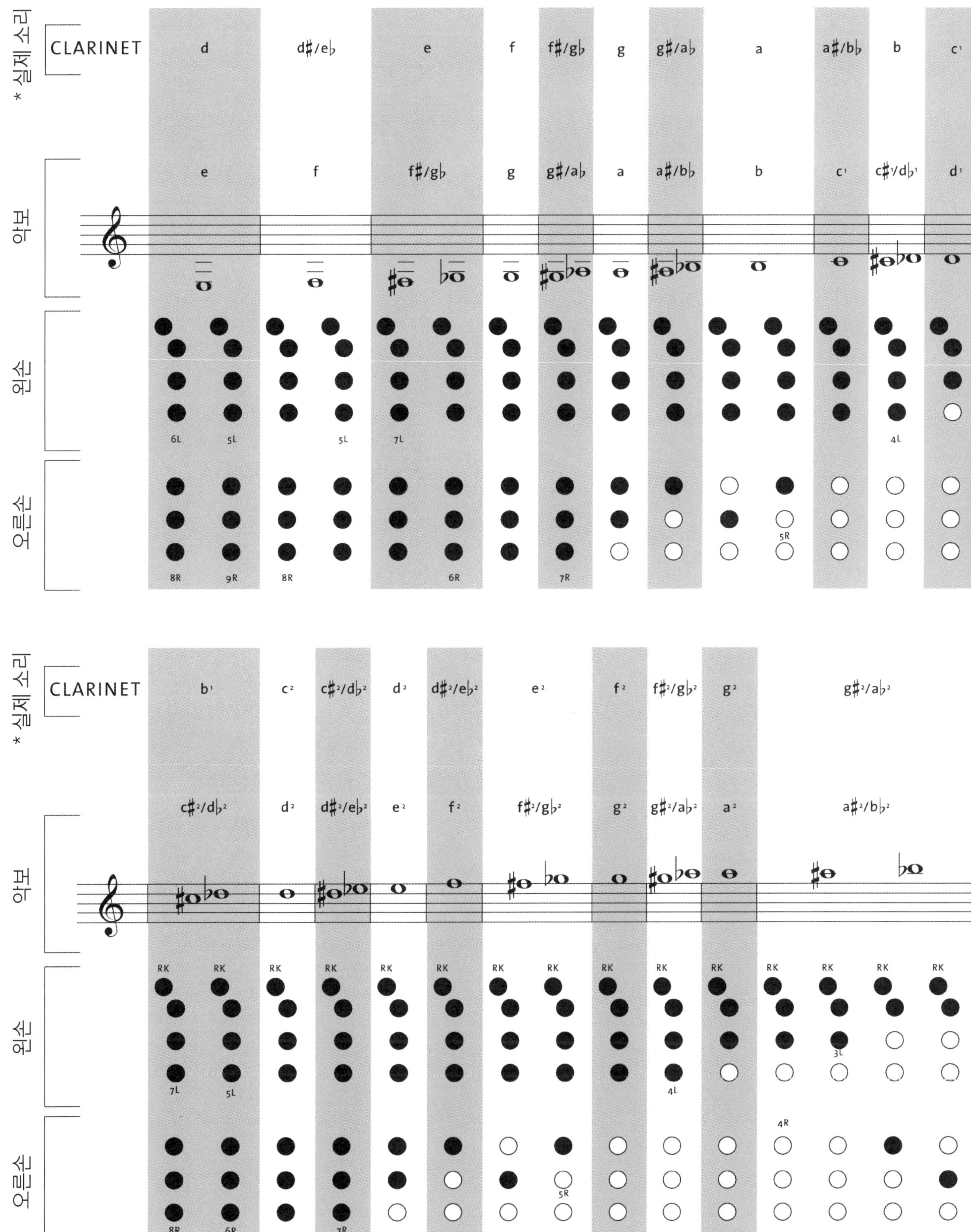

CLARINET
*실제 소리
악보
왼손
오른손
d
d#/eb
e
f
f#/gb
g
g#/ab
a
a#/bb
b
c¹
e
f
f#/gb
g
g#/ab
a
a#/bb
b
c¹
c#/db¹
d¹
6L
5L
5L
7L
4L
8R
9R
8R
6R
7R
5R
CLARINET
*실제 소리
악보
왼손
오른손
b¹
c²
c#²/db²
d²
d#²/eb²
e²
f²
f#²/gb²
g²
g#²/ab²
c#²/db²
d²
d#²/eb²
e²
f²
f#²/gb²
g²
g#²/ab²
a²
a#²/bb²
RK
RK
RK
RK
RK
RK
RK
RK
RK
RK
RK
RK
RK
RK
RK
7L
5L
4L
3L
4R
8R
6R
7R
5R

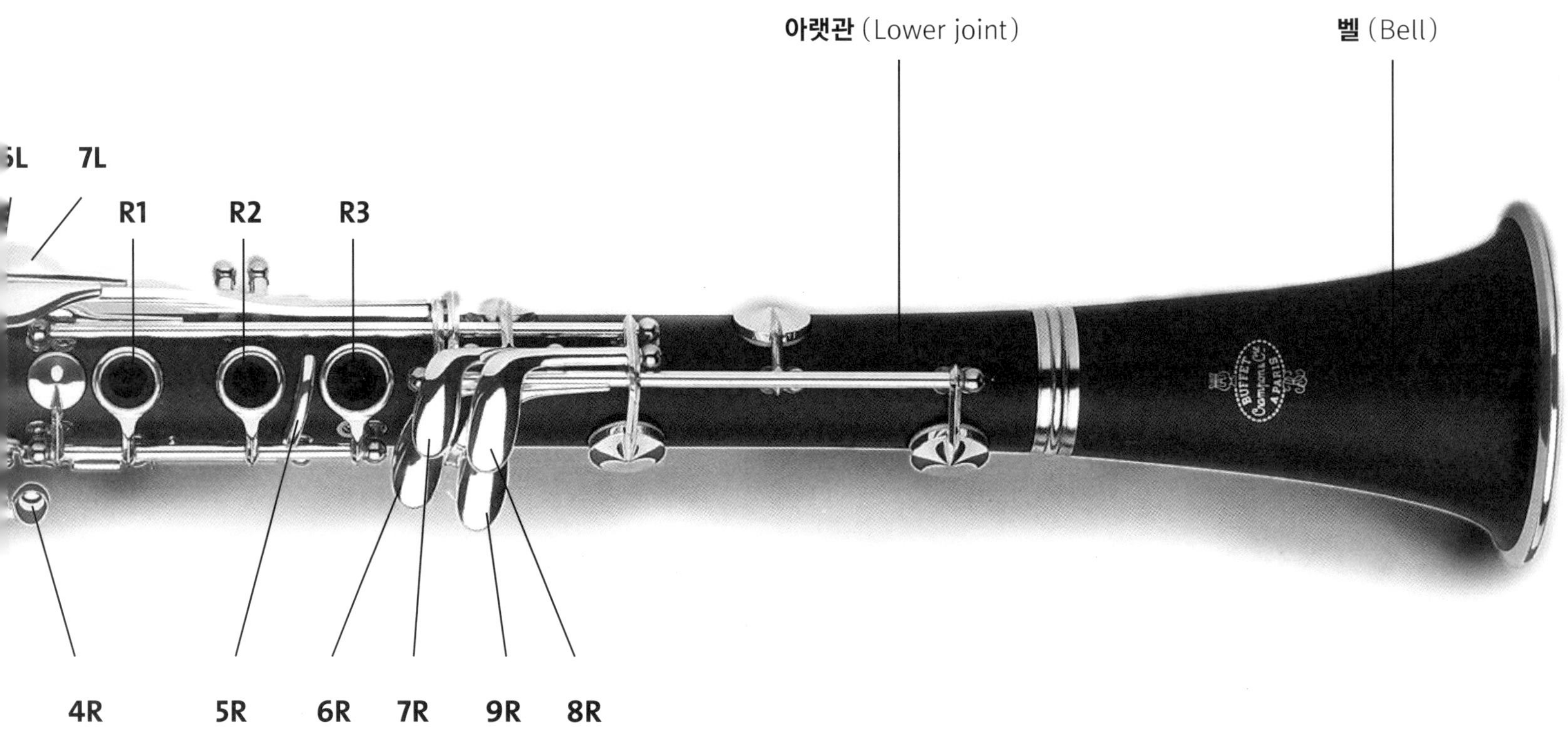

5L
7L
R1
R2
R3
아랫관 (Lower joint)
벨 (Bell)
4R
5R
6R
7R
9R
8R